서른, 외국어를 다시 시작하다

심리학자가 말하는 어른의 외국어 학습 전략

서른, 외국어를 다시 시작하다

초판 1쇄 2016년 04월 05일
3쇄 2017년 01월 12일

지은이 리처드 로버츠, 로저 쿠르즈
옮긴이 공민희
발행인 최홍석

발행처 (주)프리렉
출판신고 2000년 3월 7일 제 13-634호
주소 경기도 부천시 원미구 길주로 77번길 33 나루빌딩 401호
전화 032-326-7282(代) **팩스** 032-326-5866
URL www.freelec.co.kr

편   집 안동현
교정교열 이강인, 이희영
디 자 인 김혜정

I S B N 978-89-6540-120-9

서른, 외국어를 다시 시작하다

심리학자가 말하는 어른의 외국어 학습 전략

리처드 로버츠, 로저 쿠르즈 지음 공민희 옮김

프리렉

차례

성년기는 외국어 학습을 통해 개인의 능력을 한층 더 확장할 수 있는 절호의 기회다. 그렇지만, 다른 언어를 말하기 위해 외국어를 배우는 과정에서 느끼는 즐거움은 과거와 현재, 실체와 인지 등 부정적인 사고와 경험 때문에 손상된다. 그래서 필자는 외국어를 공부하고 싶지만 어디서부터 시작할지 모르는 모든 성인을 위해 이 책을 쓰기로 했다.

성인의 지식과 능력은 나이가 들면서 퇴보하는 것이 아니라 오히려 더 좋아진다. 이 책을 통해 우리는 성인 외국어 학습자가 자신의 강점을 어떻게 활용할 수 있는지 보여주고자 한다. 그러고자 인지과학 분야의 관련 연구를 참고했고 우리가 했던 강의, 연구, 언어 학습, 외국 근무와 여행 경험까지 총동원했다. 이 책을 통해 성인들이 경험이 줄 수 있는 장점에 대해 생각하고 이를 언어 학습에 적용시킬 수 있게 된다면 더할 나위 없는 즐거움이 될 것이다.

감사의말

이 책을 펴내기까지 신세를 진 분들이 아주 많다. 그렇지만, 제일 먼저 책의 가독성과 분량에 탁월한 조언을 해준 앤드류 게렌(Andrew Garen)에게 감사하고 싶다. 지나 카우치(Gina Caucci)의 꼼꼼한 편집 덕분에 크고 작은 부끄러운 실수들이 많이 고쳐졌다. 알리샤 블레어(Alyssa Blair), 데이비드 코베즈(David Kovaz), 모니카 리오르든(Monica Riordan)이 유용한 아이디어를 많이 내주었다. 또한, **그림 1-1**에 등장한 인지과학 불가사리 도식을 만들어준 시에라 윌슨(Cierra Wilson)에게도 감사한다. 토마스 산토스(Thomas Santos)는 제2외국어의 관점에서 영어를 바라보고 교육학적으로 우리에게 조언을 해주었다. 자신의 언어 학습 경험을 공유해준 킴(Kim)에게도 감사한다. 셰르파족에 비유한 이야기를 이 책에 수록하도록 허락해 준 리처드 블랙우드(Richard Blackwood)에게 고마움을 전한다. 리처드에게 한국어로 욕을 가르치지 않고, 로저가 서울뿐만 아니라 한국의 다른 곳을 볼 수 있도록 해준 이정훈에게도 감사한다. 릭 말커스(Rick Marcus)는 감각 있는 교수법의 소유자이며 친구로서도 든든해 당연히 단어 맞추기 게임에서 로저를 이기는 것 그 이상의 가치를 지닌 인물이다. 미국 정부 외국어 교육협회(FSI)의 프리실라 루잔(Pricilla Lujan), 동 길지우(Doug

10

Gilzow), 로렌 러셀(Lauren Russell), 메리 김(Mary Kim)의 헌신적인 도움이 없었더라면 이 책이 나오지 못했을 것이다. 또한, 초고를 읽고 피드백을 해준 레슬리 베셋(Leslie Bassett)과 알렉시 크랄(Alexi Kral)에게도 감사의 말을 전하고 싶다. 덕분에 이 책의 마지막 단계를 마무리할 수 있는 동기와 긍정적인 힘을 얻었다. 엄청난 호의와 격려로 우리에게 큰 도움을 준 메인(Maine) 주 올드 오처드 비치(Old Orchard Beach)의 미셸 트라한(Michele Trahan)에게도 감사한다.

리처드가 한국어를 배울 때 미소를 잃지 않고 도와준 서울에 사는 신근현과 이인섭에게 고마움을 전한다. 리처드의 FSI 선생님인 곽순, 이영희, 이윤진, 박성혜는 모든 학생이 성공적으로 외국어를 익힐 수 있도록 물심양면으로 도와주었다. 특히 토요일 오후에 수도 없이 많은 커피를 마셔가며 리처드가 한국어 능력시험을 치도록 도와준 탁수연에게 감사를 전한다. 오키나와에 있는 미야기 모모에는 리처드가 일본 여행을 갔을 때 스스로 가이드를 자처해 그를 도와주었다. 그리고 수년 전 에리카 유레나(Erica Urena)의 포르투갈어 사랑이 리처드의 열성에 불을 지펴주었다. 도쿄에 사는 키타가와 요시히로는 일본어 공부와 문화에 관한 리처드의 끝없는 질문에도 결코 지친 기색을 보이지 않았다. 이토 후미코는 리처드의 스승 그 이상이다. 그녀는 리처드를 가족으로 받아주었다. 포르투갈의 키몬 오페먼(Kimon Oppermann)과 알렉산드레 마르퀴스 다 크루즈

(Alexandre Marques da Cruz)는 포르투갈어에 대한 사랑과 호기심 어린 정신, 선량함으로 좋은 선생님이자 친구가 되어 주었다. 브라질의 안젤리카 모네라트(Angelica Monnerat)는 가르침에 헌신해주었다. FSI 한국어부의 유니스 김(Eunice Kim), 제시카 웰터(Jessica Welter), 하청, 배윤미, 김성일, 크리스 송(Chris Song), 박국희는 목욕탕, 레스토랑, 파티, 커피숍, 강의실에서 언제나 한국어를 재미있고 흥미롭게 배울 수 있도록 도와주었다. 일본어부의 요시에 존(Yoshie Zorn), 하라모토 켄이치, 이노우에 메이코, 난토 마사코, 츠치야 미유키, 오카베 세츠코는 리처드의 일본어 수준을 사회생활에 적절한 수준으로 높여 준 장본인들이다. 타이론 파커(Tyrone Parker)는 지치지 않는 끈기로 긴 저녁 시간 내내 리처드가 프랑스어를 공부할 수 있도록 도와주었다. 그렉 모건(Greg Morgan)의 언어에 대한 호기심과 언어유희는 언제나 즐거움을 주었고 우리의 말할 수 없는 프로젝트에 큰 영향을 끼쳤다. 그리고 제프 뉴번(Jeff Newbern)은 유능한 선생님이자 이해심 많은 친구여서 그의 수업에서 배운 많은 예시가 이 책에 실리게 되었다.

로저의 독일어 선생님인 에릭 파데리(Eric Paderi), 셰리 그루버 웨그너(Sherri Gruber Wagner), 마리안느 빅니(Marianne Bigney)에게 감사한다. 제이슨 브라쉬(Jason Braasch)와 제니 로슈(Jenny

Roche)의 유용한 제안도 큰 도움이 되었다. 그들의 도움과 격려가 이 책 전반에 영향을 미쳤고 로저의 부서장인 프랭크 안드래식(Frank Andrasik)과 비서인 로라 심슨(Laura Simpson)에게 특히 감사한다. 겁많은 21살짜리를 실험 심리언어학자로 만들어준 샘 글럭스버그(Sam Glucksberg)에게도 큰 빚을 졌다.

마지막으로 이 프로젝트를 믿고 결실을 얻게 해준 MIT 출판(MIT Press)의 수석 편집장 필립 락린(Philip Laughlin)과 인수 담당 크리스토퍼 아이어(Christopher Eyer)에게 감사한다. 주디 펠드먼(Judy Feldmann)이 초판 편집을 잘 해주지 않았다면 이 책의 응집력은 상당히 떨어졌을 것이다. 또한, 이 주제에 관해서 우리의 사고를 한층 예민하게 만들어준 이름을 밝히지 않은 세 검토자에게도 감사한다. 리처드가 미국 국무성에서 일하기는 하지만, 이 책은 그의 견해를 담았을 뿐 미국 정부와는 무관하다는 점을 밝혀둔다. 책 속의 오류, 탈자 등은 전적으로 로저뿐 아니라 리처드의 탓이기도 하다.

테네시주 멤피스에서
2015년 8월에
리처드와 로저가...

리처드 로버츠(Richard Roberts)는 화법과 청력 과학, 임상심리학, 실험 심리학까지 두루 공부했다. 멤피스 대학(University of Memphis)에서 박사학위를 받은 후 국립건강전략센터(National Center for Health Statistics)에서 박사 후 연구원으로 일했다. 그리고 12년 동안 메릴랜드 대학(University of Maryland)과 협력해 유럽과 아시아에서 심리학을 가르쳤다. 그 시기 리처드는 독일어, 포르투갈어, 일본어를 수준 높게 구사할 수 있게 되었다. 2006년 이후로 그는 미국 국무부에서 일하며 니제르, 일본, 한국 주재 대사관에서 근무했다. 또한, 미국 정부 외국어 교육 협회(Foreign Service Institute)를 통해 프랑스어, 일본어, 한국어를 공부했다. 현재는 서울에 있는 주한미국대사관 공보과에서 근무한다.

로저 쿠르즈(Roger Kreuz)는 25년간 심리학 교수직을 역임했다. 톨레도 대학교(University of Toledo)에서 심리학과 언어학을 공부한 뒤 프린스턴 대학교(Princeton University)에서 박사학위를 받았다. 듀크 대학교(Duke University)에서 인지 노인학으로 박사 후 연구원을 지냈다. 언어의 심리학에 관한 주제로 맥락과 담론의 전개, 비유 언어를 다룬 책을 출간했다. 그의 연구는 미국 국립과학재단(National Science Foundation)과 미국 해군연구소(Office of Naval Research)의 지원을 받는다. 그는 두 권의 책《문학과 미학의 실증적 접근(원제: Empirical Approaches to Literature and Aesthetics)》과《중간 언어소통에 대한 사회적 인지적 접근(원제: Social and Cognitive Approaches to Interpersonal Communication)》을 공동집필했다. 독일어와 고대 영어를 배우고 있지만, 고대 영어는 연습할 원어민이 없어 애를 먹고 있다. 현재 멤피스 대학교의 학과장을 맡고 있다.

옮긴이 **공민희**는 부산외국어대학교에서 국어국문학을 전공하고 다양한 통번역 활동을 하다가 번역이 더 적성인 것을 발견하고 본격적으로 전업했다. 현재 영국 노팅엄 트렌트대학교(Nottingham Trent University)에서 Gallery, Museum and Heritage Management로 Graduate Diploma 과정을 밟고 있으며 출판번역 에이전시 베네트랜스에서 전속 번역가로 활동 중이다. 옮긴 책으로는 《신성한 상징》, 《섹스매뉴얼》, 《발명 콘서트》, 《교회와 대성당의 모든것》 등 다수가 있다.

조건

> 내가 이 경지에 오르기까지
> 얼마나 열심히 노력했는지 사람들이 안다면
> 결코 멋지다고는 말하지 못할 것이다.
> - 미켈란젤로

외국어를 능통하게 구사하는 사람을 볼 때면 흔히들 그 사람이 언어 쪽으로 재능을 타고났다고 생각한다.[1] 왜냐하면 그 정도로 구사하기까지 얼마나 많은 노력을 기울였는지 알지 못하기 때문이다. 하지만, 우리가 천재라고 부르는 일부를 제외하고는 성인이 되어 외국어 공부를 시작한 사람은 거의 다 엄청난 노력을 통해 그 같은 성과를 얻었다. 그런 점에서 본다면 이 책은 외국어 공부의 지름길을 알려주는 것과는 거리가 멀다. 하지만, 평생에 걸쳐 연마한 기술이나 능력을 활용한다면 외국어를 배우는 일에서 재미와 동시에 보람도 느낄 수 있을 것이다. 나이가 많을수록 자신만의 노하우를 더 잘 활용해 목표를 이룰 수 있다. 몇 가지 잘못된 믿음만 버릴 수 있다면 저마다 가진 고유한 기술과 능력을 언어 학습에 적용시킬 수 있다. 지금부터 잘못된 믿음이 무엇인지 하나씩 파헤쳐보도록 하자.

외국어 학습과 관련된 잘못된 세 가지 믿음

한국어 공부를 처음 시작할 때부터 필자 중 한 명인 리처드 (Richard)는 실력이 늘지 않아 좌절감을 느꼈다. 아무리 열심히 공부해도 좀처럼 속도가 붙지 않았던 것이다. 그런 그에게 선생님은 더 열심히 하고 단어도 더 많이 외우라고 끊임없이 독려해주었다. 리처드는 자신이 열심히 하고 있다는 것을 잘 알고 있었다. 한국어 수업을 듣고, 언어교환 프로그램의 일종으로 한국인 학생과 만나서 이야기를 나누고, 한국 드라마도 보고 K-Pop도 들어보았다. 처음에는 실력이 늘지 않는 것이 나이 때문이라고 생각했다. 독일어, 포르투갈어, 프랑스어, 일본어를 배울 때는 별다른 어려움이 없었지만 52세의 나이로 한국어 학습을 시작했기에 어쩌면 다른 언어를 배우기에 너무 늦은 것일지도 모른다고 말이다. 물론, 일반적인 통념에서 보자면 그의 한국어 실력이 일취월장할 것이라고 기대할 수는 없다.

어느 날 리처드는 언어교환 파트너인 한국인과 커피를 마셨다(그의 이름은 Welcome을 생각나게 하는 '환영'이었다). 그는 환영이 미국에 온 뒤로 스스로 영어 실력이 늘었다고 생각하는지 알고 싶었다. 분명히 리처드가 보기에 환영의 영어 실력이 나아졌으니 자신도 그렇게 생각할 것이라고 예상했다. 하지만, 환영은 잘 모르겠다고 대답했다. 리처드가 학교 선생님은 뭐라고 하셨는지 묻자 환영은 미국의 선생님들은 항상 학생들을 칭찬하기 때문에 그 평가를 믿을 수 없다고 대꾸했다. 환영은 선생님이 부족한 부분을 지적해주기를 바라고 있었다. 지적을 많이 받을수록 선생님이 그의 실력향상에 관심을 보이는 것으로 생각하고 있었기 때문이다.

환영과의 대화는 리처드에겐 놀라운 경험이었다. 그날 이후로 리처드는 한국어 실력이 늘지 않는다고 생각하는 이유가 성공한 언어 학습자에 대한 본인의 기대치 때문이라는 사실을 깨달았다. 리처드는 모르는 말이 어느 정도인지를 통해 자신의 학습 능력을 평가해왔던 것이다. 그는 물이 반쯤 담긴 잔을 반밖에 차지 않았다고 보고 더 많이 외우고 공부하도록 자신을 몰아세웠다. 하지만, 단순 암기에 의존하는 행위는 성인 학습자가 해서는 안 되는 최악의 행동 중 두 번째로 나쁜 것이다.

물론, 외국어 학습에서 암기는 필요하다. 그렇지만, 단순 암기 연습(문장을 듣고 똑같이 따라 하기, 긴 대화문 암기, 플래시카드로 단어 외우기 등)은 인지적인 면에서 성인 학습자에게 불리하다. 이 능력은 나이가 들면서 퇴보하기 때문에 단순 암기에 너무 큰 비중을 두고 공부하면 좌절하게 되고 의욕이 떨어지다가 결국에는 학습을 중단하는 지경에 이르기 때문이다.

단순 암기가 성인 학습자에게 두 번째로 최악의 행동이라면 첫 번째는 무엇일지 궁금할 것이다. 그것은 바로 나이가 들면 외국어 학습 능력이 떨어진다고 굳게 믿는 것이다. 그러므로 이 같은 믿음을 떨쳐버림과 동시에 성인 언어 학습에 관한 잘못된 믿음 두 가지를 더 살펴보도록 하자.

잘못된 믿음 1 : 성인은 어린이보다 외국어 습득이 어렵다.

이 믿음과는 반대로 성인이 어린이보다 더 쉽게 외국어를 익힐 수 있다는 증거가 있다. 언어 학습에서 어린이가 성인보다 뛰어난 부분은 두 영역에 불과하다. 첫 번째는 원어민과 같은 억양을 구사할 수 있다는 점이다. 평범한 어른이 원어민처럼 유창하게 해당 언어를 구사하는 예도 있다. 하지만, 정확하게 의미만 전달할 수 있다면 억양에 과도하게 집착할 필요는 없다고 본다. 아이들이 어른보다 뛰어난 또 다른 영역은 언어 습득에 불안감을 보이지 않는다는 점이다. 다시 말해, 아이들은 그 언어를 배우지 못할 거라는 부담감이 없으므로 자책과 같은 스스로 문제를 키우는 행동은 하지 않는다.[2]

잘못된 믿음 2: 성인도 어린이와 같은 방식으로 외국어를 익혀야 한다.

어린이의 뇌와 어른의 뇌는 다르게 작용한다. 그런데 왜 사람들은 아이의 눈높이에 맞춘 학습법이 어른에게도 적합하다고 생각하는 걸까? 전혀 그렇지 않다. 하지만, 불행히도 성인 언어 학습자는 공부에 가장 큰 도움이 되는 경험과 전략을 모두 무시한 상태로 언어를 배우려고 하는 경우가 가끔 있다. 그들은 모국어를 습득하는 방식처럼 '백지상태'에서 외국어 학습을 시작하려고 한다. 그것은 불가능하다. 그렇게 한다면 어쩔 수 없이 좌절감을 느끼고 공부를 포기할 가능성이 더욱 커질 뿐이다. 성인이라면 자신만의 인지 능력을 높이고 어린이의 학습 능력을 모방하거나 부러워하지 않는 것이 더 생산적인 접근방식이다.

잘못된 믿음 3: 외국어를 배울 때 모국어는 쓰지 않아야 한다.

일부 성인 학습자는 모국어를 해당 외국어로 번역해 옮기는 일을 절대 하지 않아야 한다고 굳게 믿는다. 하지만, 그렇게 되면 성인 학습자가지닌 가장 중요한 자산인 모국어의 유창함을 활용할 수 없게 된다. 물론한 언어를 다른 언어로 완벽하게 번역하거나 한 언어의 여러 가지 특징을다른 언어로 똑같이 구현할 수 있는 것도 아니다. 이런 측면을 완전히 무시할 수는 없으므로 모국어를 외국어로 옮기려는 과정에서 좌절을 느낄수 있다.

예를 들어, 영어를 모국어로 사용하는 성인이 포르투갈어를 배우는경우 포르투갈어로 점차 해를 입힌다는 뜻을 지닌 'insidioso'라는 단어가 영어 'insidious'(서서히 퍼지는)와 비슷한 의미를 지닌다는 것을 알게 된다. 이처럼 모국어가 외국어 학습에 도움이 되기도 한다는 것을 부정할 수는 없다. 하지만, 어원이 같은 단어가 모든 언어 사이에 있는 것은 아니며 가끔은 다르기도 하다(영어 단어 'rider'(말 등을 타는 사람)를 프랑스어 'rider'(주름지다)와 같은 뜻으로 잘못 사용하는 경우 등).그럼에도, 모국어를 해당 언어의 개념, 범주, 유형으로 번역할 수 있다는점은 성인 학습자가 활용할 수 있는 아주 큰 이점이자 어린이 학습자보다뛰어난 점이기도 하다.

안타깝지만 앞서 살펴본 잘못된 믿음을 가지고 있다면 제아무리 공부하려는 동기가 충만한 성인 학습자라 할지라도 외국어 습득에 어려움을 겪게 된다. 하지만, 다행인 점은 이런 믿음이 잘못되었다는 사실을 뒷받침해주는 많은 연구가 진행되고 있었다는 것이다. 실제로 인지과학 등에서는 성인 언어 학습자에게 직접적인 도움이 되는 많은 연구 결과를 발표하고 있다.

인지과학이란 무엇인가?

인지과학(Cognitive Science)은 1960년대에 시작된 다양한 분야의 학제 간 연구로, 1970년대에 들어 규모가 커지며 구체화하였다. 많은 분야의 연구자들이 정신(Mind) 작용에 관한 다양한 의문을 종합적으로 살피는 학문이라고 정의할 수 있다. 인지과학에 관여하는 분야로는 심리학, 언어학, 철학, 신경과학, 인공지능, 인류학 등이 있다.[3] 현재는 교육 분야도 포함된다(**그림 1-1** 참고).

과학의 하나인 인지과학을 주목해야 하는 이유는 과도한 세분화에서 벗어나 있어서다. 인지과학자들은 새로운 관점을 받아들이며 포용성을 장려하는 상호교류를 통해 수많은 새롭고 중요한 연구 프로그램이 생성되도록 이끌었다. 그러나 지금까지도 인지과학자들은 **그림 1-1**에서 설명한 것처럼 특정 분야 출신인 경우가 대부분이다. 예를 들어, 필자 두 사람은 심리학 실험 프로그램을 담당하는 심리언어학자다. 하지만, 필자들은 석사과정에서 인지과학을 다루었고 그들의 연구와 사상이 관련 분야의 영향을 받았으므로 인지과학자이기도 하다.

인지과학이 성인 언어 학습과 어떤 관계가 있는지 좀 더 자세히 알아보기에 앞서 몇 가지 용어를 익히고 넘어가자.

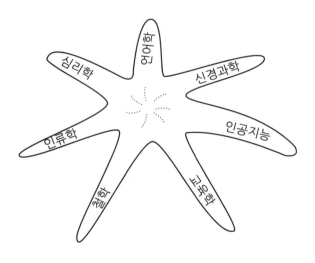

그림 1-1 팔이 일곱 개인 불가사리(검은띠 불가사리)를 통해 인지과학 분야를 알기 쉽게 표시했다. 각각의 팔이 똑같이 생긴 것처럼 인지과학에서도 특별히 더 중요하거나 덜 중요한 분야가 있는 것은 아니다. 개별 팔이 하나가 되어 불가사리를 움직일 수 있게 해준다. 머리도 꼬리도 없지만 각 팔은 모두 '중앙 관리자(Central Executive)'에서 뻗어 나온 것이다.

놓친 맥락 채우기

　머릿속에서 일어나는 프로세스를 설명할 때 인지과학자들은 하향식(Top Down) 혹은 상향식(Bottom Up) 처리를 주로 활용한다. 하향식 처리는 개념 주도(Conceptually Driven) 처리라고도 불리며 머릿속에 있는 지식을 이용하여 인식하고 이해하는 방식이다. 예를 들어, 전문가들이 초보자와는 다른 문제 해결 방식을 보이는 까닭은 그들이 주어진 분야에서 지식과 경험이 더 풍부하기 때문이다.

　하향식 처리는 주로 인식을 적용하며 구어를 이해하는 데 중요한 역할을 담당한다. 사람이 말을 하는 환경은 조용한 경우가 거의 없다. 식당에서 식사하면서 친구들과 이야기를 나누었던 상황을 떠올려 보면 이해가 쉬울 것이다. 비교적 조용한 환경에 있다고 하더라도 말을 하는 쪽은 주변의 소음과 타인의 목소리에 묻히지 않으려고 노력할 것이다. 그리고 말을 듣는 쪽이 한마디도 놓치지 않으려고 노력할지라도 주변의 소음과 섞여 상대방이 하는 말의 상당 부분을 이해하지 못한다. 다행히도 우리의 인지 체계는 무의식적으로 빠진 정보를 채울 수 있다. 이런 이유로 배경 소음은 고급 학습자보다 초보 학습자에게 더 큰 방해 요소로 작용한다. 언어에 대한 상당한 지식이 없다면 하향식 처리를 통해 빠진 부분을 메울 수 없기 때문이다.

하향식 처리가 중요한 것은 사실이나 그것이 전부는 아니다. 데이터 주도(Data-driven) 프로세스로도 불리는 상향식 처리는 하향식과 반대로 작용한다. 이 프로세스는 앞으로 경험할 것에 대한 예상과 가정을 배제하고 자극을 인식한다. 전문 지식이나 친숙함에 의지하지 않고 오감을 통해 얻은 정보를 토대로 인식하는 것이다. 시각과 청각은 뇌가 보거나 들은 것을 처리하는 가장 중요한 역할을 한다. 여러분이 안경을 쓴다면, 이는 뇌가 볼 수 있도록 눈이 보는 정보의 결함을 안경으로 바로잡는 것이다. 상향식 처리의 문제점을 보완해주는 것이다.

실질적으로 모든 언어 능력은 하향식과 상향식 처리의 소통이 필요하다. 짧은 이야기를 읽고 이해하는 것이 이런 상호 소통의 좋은 예다. 각 장에 적힌 글씨와 단어를 해독하고 이를 장기 기억 속의 표상과 맞추어보는데, 이것이 상향식 처리이다. 그렇지만, 자신의 지식을 바탕으로 등장인물의 역사와 동기, 이야기가 어떻게 진행되는지를 파악하는 하향식 처리 역시 필요하다.[4]

성인 언어 학습자는 풍부한 세상 경험과 지식이 있기 때문에 하향식 처리에 뛰어난 모습을 보인다. 일례로, 글을 읽는 과정에서 기본적인 서사 구조('소년이 소녀를 만나고, 소녀와 헤어지고, 소녀를 되찾는' 식의 이야기)를 이미 알고 있기 때문에 어린 독자는 파악할 수 없는 부분을 예상할 수 있는 것이다.[5] 나이가 들면서 청력과 시력이 약해지지만, 요령이 있는 성인 학습자는 세상에 대한 폭넓은 지식을 통해 이 같은 단점을 보완한다. 성인 학습자가 어떻게 그럴 수 있는지는 인지과학의 연구 결과가 알려줄 것이다.

'메타'란 무엇인가?

인지과학 연구가 새로운 언어 학습에 어떤 도움을 주는지 살펴보기에 앞서 메타(Meta)에 대한 정의부터 알아야 한다. 인지, 기억, 언어학과 같은 용어의 의미는 꽤 분명한 편이지만 메타인지(Metacognition), 메타기억(Metamemory), 메타언어학(Metalinguistics)의 개념에 대해서는 생소할 것이다. 이들이 무엇이며 왜 중요한지는 이어지는 장을 통해 파악할 수 있다.

간단히 말해서 메타인지는 사고에 대한 사고이며 메타기억은 기억에 대한 사고다. 대개 인지 프로세스는 물 흐르듯이 자연스럽게 진행되므로 이해를 하려고 생각을 멈추는 경우가 거의 없다. 하지만, 착시에 빠지거나 단순한 지시조차도 따르지 못하는 친구를 이해하려고 하거나, 누군가가 한 말을 잘못 알아들었을 때 우리는 대체로 잠시 생각을 멈추고 마음속에서 일어나는 일(혹은 순간적으로 잘못된 작용 방식)에 대해 생각해본다. 이것이 메타인지이며 성인 학습자가 지닌 가장 큰 장점이기도 하다.

어린이가 이러한 정신적 프로세스에 대해 인식하고 있는지 파악하는 일은 쉽지 않다. 분명한 것은 어린이의 인지 능력은 세상에 대한 경험이 많아질수록 향상된다는 점이다. 부모라면 아이의 인지 능력이 해가 갈수록 일취월장하는 것을 알 것이다. 그러나 메타인지와 메타기억 능력은 성인이 될 때까지 완전히 다 발달하지 않는다.[6] 그러므로 어린이는 경험을 토대로 많은 것들을 일반화할 수 있는 인지 능력이 부족할 수밖에 없다. 따라서 어린이가 기억력이 좋지 않다고 해도 문제가 되지는 않는다. 어린이는 상당히 정교한 외부 기억장치('엄마' 혹은 '아빠')가 있어서 이들이 기억해야 하거나 할 일을 알려준다. 즉, 어린이가 무언가를 잊어버리거나 이해하지 못하면 부모가 나서서 도와주는 것이다.

어른은 자신만의 인지 프로세스를 통해 더 정교한 이해가 가능하지만, 그 기능이 완벽하거나 다양하지는 않다.[7] 예를 들어, 일곱 자리 전화번호를 기억할 수 있지만 스무 자리나 되는 운송장번호는 기억하지 못한다는 사실을 어른은 경험을 통해 스스로 인식하고 있다. 또한, 가야 할 곳을 머릿속으로 미리 그려보거나 컴퓨터 비밀번호를 좀 더 쉽게 기억하기 위해 전략을 활용하는 것이 도움된다는 사실도 안다. 그러나 메타인지 능력이 외국어 학습에 얼마나 도움이 되는지는 분명하지 않다.

메타언어 능력은 좀 다르다. 단순한 하나의 언어를 아는 것이 아니라 모국어가 어떻게 작용하는지 아는 방식을 의미하기 때문이다. 메타언어학은 언어의 기원이나 단어의 유래에 대해 배우는 것이 아니라 언어를 어떻게 활용하는지 아는 데 비중을 둔다. 언어로 예절을 표현하고 거짓말을 하거나 농담을 하는 행동이 이에 해당한다. 다시 한번 말하지만, 성인은 메타언어 능력이 아주 뛰어나다. 비록 자신이 그런 능력을 갖추고 있다는 사실을 인식하지 못하지만 말이다. 하지만, 이런 능력을 타고난 사람은 없다. 예를 들어 기본적인 예절은 어린 시절 일상생활 속에서 부모로부터 배우게 된다.[8]

메타언어 지식은 성년기에 들어 상당히 정확해진다. 훌륭한 말장난과 야유를 유발하는 말장난의 차이를 구별하는 것이 상당히 정교한 메타언어 능력을 반영한다고 볼 수 있다.

새로운 언어를 배울 때 이 같은 능력을 처음부터 다시 기를 필요는 없다. 그저 모국어를 통해 습득한 메타언어 능력, 메타기억 능력, 메타인지 능력을 배우고자 하는 새로운 언어 학습에 적용하기만 하면 된다.

2
.....
성공을 위한 목표 설정

시작이 반이다

"시작이 반이다."
–아리스토텔레스와 메리 포핀스가 강조한 말

일본어 초급강좌를 막 수강한 성인 학습자가 있다고 가정해보자. 이 학생은 일본어 발음을 나타내는 92가지 히라가나와 가타카나를 외우는 가장 좋은 방법이 연습장을 만들어 써보는 것으로 생각했다. 그래서 발음 별로 공책 한 장씩 할당했다. 공책 맨 위에는 해당 발음과 획순이 그려진 그림을 붙여놓았다. 그 아래에는 적으며 연습할 수 있도록 사각형으로 공간을 만들었다. 그는 공책을 두 권(한 권은 히라가나, 다른 한 권

은 가타카나)으로 나눈 다음, 겉표지를 예쁘게 꾸몄고 언제든 가지고 다
니며 시간이 날 때마다 연습하기로 했다. 그런데 이 전략에는 학습자가
발음을 외우려고 준비하는 데 시간을 보냈을 뿐 실질적으로 공부는 하지
않았다는 문제가 있다. 이 학생에게 제대로 된 준비란 오히려 시간과 공
책 낭비일 뿐이었다. 수업 2주차에 이르자 그는 다른 학생들보다 뒤처지
기 시작했고 결국 학기 중간에 수업을 그만두었다. 분명히 이 학생은 시
작이 좋지 않았다. 그렇다면 정확히 어떤 부분이 잘못되었을까?

　　외국어를 공부할 때 좋은 출발이란 수업 첫날이나 외국에서의 첫날
부터 시작하는 것이 아니다. 해당 외국어를 공부하겠다는 결심과 함께
시작하는 것이다. 이 결심이 제대로 서지 않는다면 실제 학습으로 이어
지기란 상당히 어렵다. 잘못된 결정은 자신의 능력에 의구심을 품게 하
고 이내 학습 동기가 줄어들어 결국 배움에 어려움을 겪고 만다. 이 같은
내림세는 곧 실망과 환멸로 이어진다. 인지과학자들은 사람이 의사결정
을 내리는 과정을 연구하므로 그 자료는 언제, 어디서, 어떻게 외국어 공
부를 시작해야 하는지 결정하는 데 도움을 준다. 이것이 좋은 출발을 위
한 최상의 방법이다.

　　수학적으로 장단점을 계산해 결정을 내리는 사람도 있지만, 이 같
은 접근 방식은 외국어를 공부할지(또는 다시 시작할지) 결정하는 것과

같은 복잡한 판단에는 효과가 없다. 살면서 이런 종류의 결정을 내릴 때 우리가 참고할 수 있는 정확한 공식은 존재하지 않는다. 외국어 학습과 같은 복잡한 사안에 관해 결정을 내릴 때는 완전한 정보를 바탕으로 하는 것이 아니므로 융통성 있게 접근해야 한다. 외국어를 학습하면서 실망하게 되는 이유 중 하나는 성공으로 이어지는 실질적인 평가 없이 결정을 내리거나 심지어 성공의 기준에 대해 명확히 결정하지 못하기 때문이다. 성공적으로 외국어 학습을 끝냈다고 할지라도 스스로 이 점을 인식하고 있는지와 관계없이 또 다른 언어를 배울지 결정하려면 여전히 심사숙고 해야 한다. 그렇지만, 영어를 모국어로 사용하는 사람이 중국어처럼 '배우기 몹시 어려운' 언어를 마스터하는 반면 쉬운 '만국 공통어'라는 프랑스어 학습에 실패하는 때도 있듯이 의외의 일들이 생각보다 많이 발생한다.

불확실함에 맞서 크고 작은 결정을 내릴 때 우리는 휴리스틱(Heuristics)이라고 부르는 인지 전략에 의존한다. 이 같은 즉흥적 판단 혹은 경험 법칙은 알려지지 않았고 알 수도 없는 정보를 토대로 결정을 내려야 하는 상황(대부분의 상황)에서는 '충분히 훌륭한' 전략이다. 그리고 휴리스틱을 통한 판단은 적당히 훌륭한 선택이 된다.

아주 유용한 휴리스틱 전략으로 가용성 휴리스틱(Availability

Heuristic)이 있다. 가용성 휴리스틱은 현상에 대한 더 빠르고 더 쉬운 예가 머릿속에서 만들어지는 것을 말한다. 정말 그런지 살펴보자. 미국에서 더 흔한 이름은 어느 쪽일까? 메리(Mary)일까, 마틸다(Matilda)일까? 이름을 인터넷으로 검색해 보는 것이 이 질문에 대답하는 방법 중한 가지다. 그렇지만, 이 상황에서는 가용성 휴리스틱을 통해 더 빨리 해답을 찾을 수 있기 때문에 굳이 검색이 필요하다고 느끼지 않는다. 그래서 메리라는 이름을 가진 사람이 마틸다라는 이름을 가진 사람보다 많다고 생각해 메리가 더 일반적이라고 대답할 것이다. 이것이 가용성 휴리스틱의 장점이다. 빠르고 쉬울 뿐 아니라 대부분은 상황에 충분히 적합한 대답을 도출해준다. 휴리스틱 전략의 효과에 행여 의구심을 가질까봐 덧붙이자면, 인공지능을 연구하는 인지과학자들은 컴퓨터에 가용성 휴리스틱을 활용할 수 있도록 하는 방법을 모색하느라 오랜 시간 고심해 왔다.[1]

그러나 모든 휴리스틱이 그렇듯 가용성 휴리스틱도 100% 확실하지 않다. 일례로, 사람들은 지진이 난 직후에 지진 관련 보험에 더 많이 가입하는 경향이 있다. 그렇지만, 시간이 지나면서 지진에 대한 기억이 흐려지고 보도가 줄어들어 지진 보험의 필요성은 크게 두드러지지 않는다. 하지만, 반대로 지진이 일어나지 않은 상태로 시간이 흐를수록 지진

발생 가능성은 커지게 된다.[2]

　여기서 말하고자 하는 바는 가용성 휴리스틱을 활용하지 않으려고 애쓸 필요가 없다는 점이다. 그러기란 거의 불가능하다. 휴리스틱은 많은 장점을 갖고 있지만, 가장 좋은 계획을 방해하는 단점도 가지고 있다. 특히 성인 외국어 학습자의 경우에서 쉽게 두드러진다.

　시뮬레이션 휴리스틱(Simulation Heuristic)은 가용성 휴리스틱과 비슷하지만, 성인 언어 학습자에게 좌절을 불러일으킨다는 점에서 차이가 있다. 시뮬레이션 휴리스틱에 따르면 마음속으로 특정 사건의 시나리오를 더 빠르고 쉽게 떠올릴수록 그 사건이 일어날 가능성이 더 커진다. 예를 들어, 당신이 미국 대통령이 될 확률은 얼마나 될까? 이 질문에 대답하기 위해 당신은 머릿속으로 대통령이 되는 데 필요한 모든 준비를 시뮬레이션해볼 것이다. 거쳐야 할 과정이 많을수록 당신이 대통령이 될 확률은 줄어든다. 당신이 필자와 같은 인지과학자라면 대통령이 될 가능성은 더욱 희박해진다. 하지만, 현재 부통령이라면 가능성은 그보다 커진다.

　가용성 휴리스틱과 더불어 대통령이 되는 시뮬레이션을 머릿속으로 진행하려면 관련 정보를 얻고자 반드시 기억에 접속해야 한다. 그렇게 하는 동안 기억 속에서 이 정보를 얼마나 빨리 얻을 수 있는지 인식하게 되고 머릿속으로 만든 시나리오와의 연관성도 어느 정도 파악할 수 있다. 쉽게 기억을 떠올리고 대통령이 되는 시나리오가 친숙하게 느껴진다면 자신감이 높아질 것이다. 당신이 주지사로서의 임무를 성공적으로 수행해냈다면 대통령으로 당선되는 상황을 상상해보는 일이 고등학교 때 반장이었던 것이 고작인 사람보다는 더 수월할 것이다.

　마찬가지로 외국어를 공부하기로 결정을 내릴 때는 어느 정도의 수준에 오를 것인지 머릿속으로 시각화해보는 작업이 꼭 필요하다. 만약 당신이 외국어를 공부하기로 마음을 먹었지만 원하는 목표에 도달하지 못했다면, 성인이라서 외국어 학습에 어려움을 겪었기 때문일까? 혹은 중요한 부분에서 시뮬레이션 휴리스틱이 방해해서 실패하게 된 것일까? 지금부터 시뮬레이션 휴리스틱이 지닌 약점을 살피고 이를 토대로 무사히 외국어를 마스터하려면 어떻게 해야 할지 살펴보자.

　시뮬레이션이 실제 결과와 항상 같지 않은 이유 중 하나는 계획 오류(Planning Fallacy)라고 불리는 덫에 걸리기 때문이다.[3] 계획 오류란 목표를 달성하는 데 들어가는 시간, 노력, 비용을 과소평가하는 경향을 일컫는다. 사람은 대개 목표를 달성하는 데 들어가는 자신의 능력을 과신하고 필요한 자원을 잘못 판단하는 경향이 있기 때문이다.

　목표를 성취했을 때 얻을 수 있는 장점에 너무 집중하느라 목표에 도달할 수 있게 해주는 자원을 충분히 고려하지 않았을 때 계획 오류가 발생한다. 일례로, 외국어를 공부할지 결정할 때 해당 언어로 레스토랑에서 음식을 주문하고 이성을 유혹하거나 신문을 읽을 수 있다면 얼마나 근사할지 떠올린다. 그렇게 될 수 있다고 생각하면 확실히 동기부여는 되겠지만, 그 점이 의사 결정 프로세스의 핵심을 형성하지 못한다. 그러므로 계획 오류에서 벗어날 수 있는 한 가지 방법은 언어를 정복하고 싶은 욕구와 그 목표를 달성하기 위해 거쳐야 하는 구체적인 단계를 분리하는 것이다.

마음속으로 시뮬레이션할 때는 목표를 이루고 난 뒤에 벌어질 일이 아닌 성공할 수 있도록 해주는 훌륭한 계획을 세우는 데 집중해야 한다. 이처럼 프로세스에 중점을 둔 계획은 실제로 목표를 달성할 가능성을 크게 높여줄뿐더러 그 과정에서 발생할 수 있는 스트레스도 줄여준다.⁴ 다시 말해, 프랑스어 공부를 시작할지 결정하는 자리라면 유명한 카페 '레 두 마고(Les Deux Magots)'에서 이성에게 위트 넘치는 말을 던지는 모습을 상상할 것이 아니라 날마다 공부할 시간을 어느 정도 할애할지를 생각하는 것이 더 중요하다.

마음속으로 시뮬레이션하면서 잘못된 계획을 세우는 또 다른 이유는 일의 결과에 대해 과도하게 긍정적으로 바라보는 경향이 있기 때문이다. 시뮬레이션은 일이 잘못될 경우를 고려하지 않고 모든 것이 계획한 대로 정확히 지켜진다는 가정하에 이루어지는 경우가 많다. 필자 중 한 사람인 리처드는 한 달 동안 브라질에 머물며 포르투갈어를 배우기로 했다. 그는 한 달이면 외무부에서 보는 포르투갈어 전화 통화 시험을 치를 정도의 수준에 오를 것으로 생각했다. 그래서 그는 브라질 리우데자네이루(Rio de Janeiro)로 가서 포르투갈어 강좌를 등록했는데, 하필 도착한 첫날 강도를 당했다. 그 사건은 포르투갈어와는 아무 관련이 없었지만, 그날 이후로 그는 조심성이 생겨서 호텔에만 머물렀고 밖으로 나가 사람을 만나지 않았다. 결과적으로 그의 포르투갈어 실력은 예상만큼 크게 늘지 않았고 전화 시험을 통과하지 못했으며 어쩔 수 없이 이듬해에 브라질에서 한 달 더 머물며 공부를 해야 했다. 이 이야기는 강도를 당하지 않게 조심하라는 교훈을 깨우쳐주기 위한 것이 아니라(물론 이것도 훌륭한 조언이지만) 일련의 행동을 결정할 때 예상치 못한 상황을 고려하라는 뜻에서 해주는 것이다. 그래야 일이 뜻대로 되지 않았을 때 얻게 되는 실망을 줄일 수 있다.

마지막으로 시뮬레이션 휴리스틱은 대부분 상황에서 유용하지만, 그렇지 않을 때 사람들은 휴리스틱이 어떻게 사용되었는지 실제 원인을 파악하기보다는 자신의 무능력을 탓하거나 최악에는 남을 비난한다. 이런 비난은 반사실적 사고(Counterfactual Thinking)를 통해 한층 강화되는 경향이 있는데, 이는 사후에 일어나는 시뮬레이션으로, 그렇지 않았으면 어떨지에 중점을 둔다. 올림픽 경기에서 메달 시상대에 오른 사람 중 누가 가장 행복할까? 은메달리스트일까, 동메달리스트일까? 은메달이 동메달보다 우위에 있지만, 일반적으로 동메달리스트의 미소가 은메달리스트보다 훨씬 더 밝다. 동메달리스트는 자신이 메달권에서 탈락할 수도 있었다고 생각한다. 반면 은메달리스트는 자신이 금메달을 딸수 있었다고 생각하므로 더 불행하다는 것이다.[5]

외국어를 공부하기로 했다면 결과에 영향을 미칠 수 있는 그 밖의 휴리스틱들도 살펴야 한다. 그중 하나가 기준점(Anchoring)과 조정(Adjustment)이다. 이 휴리스틱은 실제 상황이 여의치 않아 계획을 수정해야 하는 경우가 생겨도 사람은 일반적으로 처음 결정한 선에서 그리 멀리 벗어나지 못한다는 점을 알려준다. 예를 들어, 성인 언어 학습자는 효과가 그리 크지 않은 것이 분명해도 기존의 학습 계획을 맹목적으로 따른다. 무언가 잘 안 될 때 계획을 조금 수정하기도 하지만, 꼭 필요한 커다란 변화는 주지 않는다. 플래시카드로 단어를 외우는 방식이 효과적이지 않다는 것을 알면서도 계속 카드를 만들고 공부를 하는 사람이 주변에 분명히 있을 것이다. 한 번에 공부하는 플래시카드의 양을 줄이거나 종이 카드 대신 전자 파일 형식으로 바꿀 수는 있다. 그러나 플래시카드를 사용하는 방식을 과감히 포기하는 생각은 절대 하지 않을 것이다.

확증 편향(Confirmation Bias)은 의사결정 과정에서 발생하는 오류 중 하나로, 열심히 공부하는 학습자까지도 흔들리게 할 수 있다. 확증 편향은 자신의 믿음을 뒷받침해주는 정보는 더 신뢰하고 믿음에 반하는 정보는 무시하거나 간과하게 한다. 그래서 계획을 세우고 이를 실천하는 행동을 하는 단체나 개인 모두에게 영향을 미친다. 즉, 원하지 않는 피드백을 무시함으로써 성공 가능성을 크게 높여줄 변화에 대한 기회를 잃게 하는 것이다. 이는 실로 엄청난 문제가 될 수 있다.

이 책에서 소개한 첫 번째 잘못된 믿음인 "성인은 어린이보다 외국어 습득이 어렵다."를 다시 떠올려 보자. 노력했지만 외국어 학습에 실패한 성인을 만나면 그 믿음은 한층 확고해진다. 반면 성공한 사람을 보고서는 그저 운이 좋았을 뿐이라고 여기지만 사실은 많은 사람이 성인이 되어 시작한 외국어 학습을 성공적으로 마치곤 한다.

확증 편향은 모든 종류의 고정관념과 함께 작용한다. 무엇을 찾아야 할지 알게 되기까지는 쉽지만, 바꾸기는 어렵다. 흥미로운 사실은 나이를 먹는 것에 대한 부정적인 고정관념이 언어 학습에 대한 개인의 태도뿐 아니라 건강에도 영향을 미친다는 점이다. 예를 들어, 나이를 먹는 것

에 대해 긍정적인 생각을 하는 사람은 심혈관 질환에 걸린 확률이 더 낮다고 한다.[6]

장점도 있지만 여러 가지 휴리스틱이 다양한 방식으로 실패의 원인을 제공하기 때문에 동기부여가 확실한 성인 학습자도 간혹 학습을 포기하고 만다. 처음 의사결정을 내리는 과정에서 통찰이 부족한 것이 원인이지만 대개 스스로 자신을 탓하거나 선생님을 잘못 만났다고 여긴다. 무엇보다도 슬픈 사실은 외국어 공부를 포기하겠다고 마음먹으면 가장 추악한 휴리스틱이 고개를 든다는 것이다. 바로 사후 과잉 확신 편향(Hindsight Bias)이다. 그리고 실패를 뒤돌아보며 자신에게 말한다. "이렇게 될 줄 알았어."[7]

올바른 습관 형성의 중요성

공부를 쭉 해온 사람이라면 외국어를 배울 때 필요한 공부 습관을 따로 찾으려고 특별히 노력하지 않을 것이다. 매일 짬을 내서 꾸준히 하는 것이 가장 효과적인 방법이다. 심리학자들은 성공하는 좋은 습관에 관해 잘 알고 있다. 하지만, 각종 매체에서 이를 너무 단순화시켜 다루므로 우리는 습관을 형성하는 일에 대해 정확히 알고 있지 못하다. 우선 습관을 형성하는 데 있어서 궁금한 세 가지 물음부터 해결해보자.

1. 새로운 습관을 들이려면 정말 21일이나 걸릴까?

1960년에 성형외과 의사인 맥스웰 몰츠(Maxwell Maltz)가 저서 《맥스웰 몰츠의 성공의 법칙(The New Psycho-Cybernetics)》(공병호 역, 비즈니스북스, 2010)을 출간했다. 이 책을 통해 몰츠는 효과적인 변화를 추구하려면 21일의 시간이 필요하다고 주장했다("새로 이사한 집이 진짜 집처럼 느껴지려면 적어도 3주는 살아보아야 한다."라는 등). 그가 어떻게 이 값을 계산했는지는 정확히 알려진 바가 없다. 그러나 이어진 연구를 통해 새로운 습관을 형성하는 데는 정해진 시간이 없다는 사실이 밝혀졌다.[8] 그러므로 양으로 공부 습관을 들이려는 생각은 버리고 질로 승부를 걸어야 한다.

배우고자 하는 언어를 삶 속으로 최대한 끌어들이려고 노력하되 의미 있는 방식으로 해야 한다. 예를 들어, 시중에는 집안에서 사용하는 각종 사물에 부착해서 외울 수 있는 단어장이 나와 있다. 스페인어를 공부한다면 주방 싱크대 수저통에 'la cuchara'(숟가락)라고 붙여 놓을 수 있다. 이렇게 하면 이론상 매번 숟가락을 찾을 때마다 이 단어를 보게 되어 단어와 사물의 의미를 결합시킬 수 있다. 그렇지만, 이 방식을 통해 사람들 대부분은 그저 단어를 읽고 친숙함을 느끼는 데 그친다("맞아! la cuchara가 숟가락이라는 뜻이었지!"). 그저 피상적인 방식으로 해당 단어를 생각할 뿐 오랫동안 기억에 남을 수 있는 결합을 이루어내지는 못한다.

집이나 사무실에 있는 모든 물건에 이름표를 붙이는 대신 각 사물을 볼 때마다 그 사물이 해당 언어로 무엇인지 마음속으로 떠올리는 습관을 들이는 편이 낫다. 숟가락 옆에 단어를 붙여놓는 것보다는 숟가락을 꺼낼 때마다 스페인어로 숟가락이 무엇인지를 떠올려보는 편이 더욱 좋을 것이다. 아니면 단어를 본 다음 연상할 수 있는 다른 단어가 무엇일지 생각해 보는 것도 좋다. 사물을 볼 때마다 단어가 지속적으로 떠오른다면 그 단어를 사용해 문장을 만들어 보자. "Necesito una cuchara para comer mis Corn Flakes." (콘플레이크를 먹으려면 숟가락이 필요하다.)처럼 말이다. 이 같은 사고방식은 해당 언어를 더 깊이 있게 알 수 있도록 하는 엄청난 효과가 있으니 결과를 얻기까지 21일을 기다릴 필요가 없다.

2. 차질이 생기면 실패한 것일까?

좋은 의도로 시작했지만 삶에서 벌어지는 여러 가지 사건들이 꾸준히 공부하는 습관을 들이지 못하게 방해한다. 그래서 며칠 혹은 몇 주 동안 외국어 학습을 빼먹기도 한다. 그 때문에 좌절할 수도 있지만 그렇다고 스스로 목표를 포기한 것이라고는 볼 수는 없다.

새로운 습관을 키우는 일은 금연과 같은 맥락에서 살펴볼 수 있다. 누군가가 금연에 성공할지의 여부를 알아보는 가장 훌륭한 예측 변수는 과거 며칠이나 몇 주라도 그 사람이 금연했던 횟수를 파악하는 것이다.[9] 만약 외국어 공부를 '포기해 가는' 자신을 발견한다면 스스로 할 수 없다는 징조로 여기지 말고 다시 정신을 차리고 노력하면 된다. 또한, 다시 배우면 처음 배울 때보다 속도가 더 빨라지니 공부를 다시 시작하면 남보다 더 유리할 수 있다.

3. 조금 공부해도 효과를 본다면 많이 할수록 더 좋은 것이 아닐까?

이것을 '비료의 오류(Fertilizer Fallacy)'라고 부른다. 병 속에 들어 있는 비료를 조금만 써도 베고니아가 더 빨리 자라는데 한 병을 다 쓰면 얼마나 더 잘 자랄까? 많은 조경가들이 실제로 그런 경험을 통해 뼈저린 교훈을 얻었다. 비료에는 가용성 염류가 들어 있어서 식물의 뿌리를 녹아버리게 하므로 비료를 과도하게 주면 식물이 물과 양분을 흡수하는 능력이 줄어들어 수분이 빠지고 시들어 죽는다.

당신의 두뇌 뿌리가 녹아버리기를 원하는가? 인지과학자들이 분산 학습(Distributed Practice)이라고 부르는 것처럼 한 번에 조금씩 학습 정보를 받아들이는 것이 벼락치기, 즉 집중 학습(Massed Practice)보다 훨씬 효과적이라는 점은 연구를 통해 꾸준히 입증되었다.[10]

효과적인 언어 학습 습관을 키우는 방법

1. 당장 실현할 수 있는 목표부터 세우라

삶의 목표를 설정하는 일은 분명히 중요하다. 사방을 둘러보면 "목표를 높게" 혹은 "큰 꿈을 꾸라."와 같은 표어를 쉽게 볼 수 있다. 아주 감상적인 문구이긴 하지만 실제로 그렇게 하려면 어떻게 해야 할까? 인지과학자들은 목표를 설정하는 인간의 행동에 관해 오랫동안 연구해 왔다. 현재 진행 중인 연구에서 에드윈 로크(Edwin Locke)와 게리 래섬(Gary Latham)은 이렇게 기술했다. "구체적이고 수준 높은(어려운)

목표가 '최선을 다하라.'와 같은 쉽고 모호하며 추상적인 격려성 목표보다 성취 수준을 더욱 높인다. 그러므로 꿈을 이루고자 헌신하는 사람은 목표를 획득하는 데 필요한 능력을 갖추고 있으며 상충하는 목표가 있지 않다면 어려움과 실행 사이에 긍정적인 선형 관계가 구축된다."[11]

로크와 래섬이 내린 결론은 성인 언어 학습자에게 상당히 적합해 보인다. 외국어를 배우는 과정이 힘든 것은 사실이지만 목표를 이루고자 노력하고 충분한 능력을 갖추었으며 방해를 받지 않는다면 분명히 성공할 수 있다. 그런데 왜 수많은 성인 외국어 학습자들이 실망과 좌절을 느끼고 언어 학습 경험에서 만족하지 못하는 것일까? 그리고 이런 일이 발생하지 않도록 하려면 어떻게 해야 할까?

일 년 동안 열심히 공부해 중국어와 아랍어처럼 '(영어를 쓰는 사람에게는) 상당히 어려운' 외국어를 원어민처럼 유창하게 구사하는 것이 목표라면 당신은 실패할 목표를 세운 것일지도 모른다. 이 목표는 실질적으로 실현 불가능하며 그렇게 되기 위한 학습 계획은 세우기조차 어렵다. 차라리 장기 목표를 이룩할 수 있는 발판이 되어줄 현실적인 단기 목표를 단계적으로 구상하는 편이 낫다. 우선 하위 목표부터 이룩한다면 시간이 흐를수록 본인의 학습 계획을 이어가고자 하는 동기가 더 높아질 것이기 때문이다.

2. 주위 사람에게 자신의 목표를 공개하라

실현 가능성이 있는 목표를 세웠다면 다른 사람에게 알리는 것이 동기 부여에 도움을 준다. 막연히 외국어를 공부해야겠다는 생각만 가져서는 결코 시작할 수 없다. 하지만, 배우자나 친구 혹은 가족과 자신의 결심을 공유한다면 그들이 주기적으로 당신이 얼마나 잘 해나가고 있는지 물어봐 줄 것이다. 그들에게 아직 시작조차 하지 못했다고 변명을 하려면 부끄러울 테니 이 방법으로 학습 동기를 부여할 수 있을 것이다.

3. 같이 공부할 친구를 찾아라

조깅을 시작한 사람 중에는 달리기 파트너가 있어서 꾸준히 조깅을 하는 데 훨씬 도움이 되었다고 말하는 사람도 있다. 혼자 조깅을 할 경우 매일 나가는 것이 귀찮다고 여길 확률이 그만큼 높다. 하지만, 달리기 파트너가 아침에 당신 집 문을 두드리면 조깅을 빼먹기 어려워진다. 안타깝게도 같은 언어를 공부하려는 친구를 찾는 일은 쉽지 않다. 그리고 해당 언어에 어느 정도 지식이 있으면 그렇지 못한 쪽에서 자신이 뒤처진다고 느낄 수 있다. 그러나 강의를 들으면 비슷한 수준의 반 친구들과 함께 공부할 수 있다. 아니면 인터넷을 통해 같이 공부할 친구를 찾아도 무방하다.

4. 매일 같은 시간에 공부하라

사람들은 대부분 중요한 일을 처리하고자 할 때 선호하는 시간대가 따로 있다. 조용한 이른 아침에 공부나 글쓰기가 가장 잘 된다는 사람도 있고 올빼미족처럼 밤에 능률이 더 오른다는 사람도 있다. 성인 언어 학습자는 자신에게 맞는 시간대가 언제인지 알고 있을 것이다. 아침 식사 전후 혹은 늦은 밤 야식을 먹기 전 등 자신만의 시간대를 생각해볼 수 있다. 꾸준히 같은 시간에 공부한다면 그 시간만 되면 공부를 해야 한다고 자연스럽게 생각하게 될 것이다.

자기효능감을 높여라

외국어를 공부하겠다는 목표를 세울 때 유념해야 할 몇 가지 사항이 있다. 동기, 할애할 수 있는 시간, 강의를 들을지 여부 등이다. 아울러 외국어를 공부하기에 늦은 나이가 아닌가 하는 의구심도 든다(절대 그렇지 않다!). 친구나 가족은 얼마나 도와줄 수 있을까? 노력할만한 가치가 있을까? 엄청난 노력에도 유창하게 외국어를 구사하지 못해 실망하면 어떡할까? 이 같은 질문에 모두 대답할 수는 없지만, 이 문제와 관련한 사회심리학의 몇 가지 개념을 살펴보면 도움이 된다.

1970년대 초 앨버트 밴두러(Albert Bandura)가 주창한 자기효능감(Self-efficacy)은 일을 해내고 목표를 달성하거나 장애를 극복하는 것처럼 자신의 성취능력에 대한 본인의 믿음을 의미한다.[12] 그렇지만 개인의 자기효능감은 영역별로 크게 차이가 난다는 사실을 알아두자. 주방에서 당신은 마술사와 다름없다. 어떤 재료가 있든 맛있고 영양가 높은 음식을 뚝딱 만들어내고 요리 프로를 시청하며 새로운 요리법을 시도해 보는 것을 즐긴다. 이 분야에서 당신이 지닌 자기효능감은 아주 높다. 자신의 한계에 도전하는 것을 즐기고 새로운 요리를 익히면서 엄청난 만족감을 얻는다. 그렇지만, 다른 부분에는 상당히 이질적인 감정을 느낀다. 자동차 내연기관이 어떻게 작동하는지 도통 감이 오지 않는다면 자동차에 관한 부분에서는 자기효능감이 낮을 것이다. 차에 이상이 생기면 어찌할 바를 모르고 의기소침해지며 공업사를 찾아가면 더욱 힘들어진다. 정비공이 하는 말을 도통 알아듣지 못하니 수리비가 적절하게 청구되었는지 확인할 길이 없다. 이처럼 개인의 자기효능감 정도는 삶의 영역에 따라 큰 차이가 난다.

여기서 기억해야 할 점은 낮은 자기효능감이 덫이 될 수 있다는 사실이다. 시간이 흐르면서 동기가 강한 사람조차 무언가를 완전히 익히지 못하게 방해하기 때문이다. 불행하게도 자기효능감을 형성하는 경험은 생의 초반에 발생하기 때문에 불행했던 기억이 평생 지속할 수도 있다. 예를 들어, 이 책의 주제에 관해 사람들과 이야기를 나누면서 두 필자는 외국어 학습에 대한 부정적인 반응을 자주 목격했다. "아, 저는 외국어를 잘 못해요." 사람들은 이렇게 말하며 마치 도덕적으로 실패한 듯 눈길을 피했다. "고등학교 때 스페인어를 공부했는데 겨우 턱걸이로 낙제를 면했어요. 선생님은 제 억양이 우습다고 핀잔을 주었고 전 앞으로 절대 쓸 일이 없는 언어를 공부하는 것이 싫었어요." 언어에 대한 이 같은 부정적인 경험은 외국어를 학습할 때 목적과 상황에 상관없이 일반적으로 자기효능감을 떨어뜨린다.[13]

낮은 자기효능감을 느끼면 이내 원하는 수준의 외국어 실력에 도달하지 못하는 단계로 이어진다. 심리학자들은 여기에도 명칭을 붙였다. 바로 자기충족적 예언(Self-fulfilling Prophecy)이다. 부정적인 결과를 예상하기 때문에 자신이 알지 못하는 사이에 성공하려는 노력을 방해하게 되는 것을 말한다. 그리고 낮은 자기효능감이 동기, 공부하는 데 들인 시간에 치명적인 영향을 미쳐 궁극적으로 전체를 다 포기하도록 유도한다. 하지만, 이렇게 해서 나온 결과는 개인 스스로 당연하게 받아들인다.

"대학교 때 프랑스어를 잘하지 못했으니 지금도 배우지 못하는 건 그리 놀라운 일이 아니야."

그렇다면 어린 시절부터 이어져 온 언어 학습에 대한 부정적인 자기효능감을 성인이 어떻게 극복할 수 있을까? 우선, 자기효능감을 자신감과 혼동하지 말아야 한다. 자신감이란 한 개인으로서 자신의 가치를 전반적으로 평가하는 것을 의미한다. 그래서 건전한 수준의 자신감을 느끼고 있으면서도 특정 분야(언어 학습 등)에서는 낮은 자기효능감을 보일 수도 있다.

둘째, 낮은 자기효능감을 극복하는 가장 좋은 방법은 원하는 분야에서 성공할 수 있는 실질적인 단계를 밟는 것이다. 자기효능감은 존재가 아니라 행동을 토대로 하기 때문에 배움을 통해서 변화시킬 수 있다. 이 책의 목표는 성인 학습자가 과거 좋지 않은 경험이 있다고 해도 언어 학습에 관한 자기효능감을 발달시키도록 돕는 것이다. 언어 학습을 한 영역이라고 생각하지 말고 여러 개의 하위 영역으로 나누어 생각해보자. 그런 다음 일반적으로 자신이 잘할 수 있는 다른 영역의 기술을 언어 학습에 접목해서 자기효능감을 새로 구축하는 것이다. 예를 들어, 언어 기억력이 뛰어나다면 어휘력을 늘리는 데 우선 집중한다. 이해를 위해 반복적으로 보고 들어야 하는 사람이라면 스마트폰에 실용 회화를 저장해서 꾸준히 들어본다. 큰 틀을 잡고 정리하는 데 능하다면 학습 관련 자료를 구체적인 도식으로 만들어 보는 것도 좋다. 그리고 틀에 얽매이기 싫다면 해당 언어를 능숙하게 구사하는 친구에게 간간이 전화를 걸어서 대화 연습을 하는 것도 방법이다. 어떻게 시작하느냐는 중요하지 않고 자신이 잘하는 데서 출발하는 것이 중요하다. 차츰 실력이 향상되면서 자기효능감도 높아질 것이다. 성인 학습자는 어린 학습자에게서는 찾아볼 수 없는 통찰을 지녔다. 그러니 이점을 적극적으로 활용해보라.

열심히 하지 않으려고 노력하라

마르티나 나브라틸로바(Martina Navratilova)는 1970년대와 80년대 전 세계적으로 테니스계를 주름잡던 인물이다. 그녀는 단식과 복식에서 수도 없이 우승을 차지했고 그 시대에 실력이 가장 탄탄하고 강한 선수로 인정받았다. 그렇지만, 냉철한 스포츠 세계에 영원한 승자는 있을 수 없다. 1980년대 후반 나브라틸로바는 30대에 들어섰고 젊은 선수들이 그녀의 자리를 위협하기 시작했다. 1987년 프랑스 오픈에서 그녀는 18살 슈테피 그라프(Steffi Graf)에게 패했다. 그리고 같은 해 이탈리아 오픈에서 16살인 가브리엘라 사바티니(Gabriela Sabatini)에게도 무릎을 꿇었다. 이 같은 패배에 대해 인터뷰에서 나브라틸로바는 유명한 말을 남겼다.

"최선을 다해 경기하기가 두려웠다. 그라프와 같이 치고 올라오는 어린 선수들에게 아주 큰 위협감을 느꼈고 그들이 나보다 더 뛰어난 것이 아닐까 생각했다…. 시합에서 100% 실력을 발휘할 수 없었다."

세계 최정상급 테니스 선수가 의도적으로 자신의 실력을 발휘하지 않았다는 말이 이상하게 들릴 수도 있다. 가진 기량을 총동원해서 맞서야 하는 적수에게 그렇게 한 이유가 대체 무엇일까? 나브라틸로바는 이어지는 인터뷰에서 그 대답을 알려주었다.

"최선을 다했음에도 그들에게 질까 봐 두려웠다. 그렇게 되면 난 끝난 것이니까."

자기열등화(Self-handicapping)[14]라는 반대 논리의 세상에 온 것을 환영한다. 이처럼 자기 파괴적인 행동을 하는 사람은 비단 테니스 스타나 운동선수에 국한되지 않는다. 자기열등화는 스스로를 실패하게 하고 실패에 대한 핑계까지 준비하게 하니 두 배로 더 나쁘다.

다음날 중요한 시험을 앞둔 대학생이 있다고 가정해보자. 평소 어려웠던 수업의 시험이라 그는 잘할 수 있을지 확신이 없었다. 그럼에도, 시험 전날 공부는 하지 않고 동아리 친구들과 술을 마셨다. 역설적이게도 이 학생은 자신의 할 도리는 다하고 있다. 다음날 시험을 망치면 그는 학자들이 말하는 상황 귀인(Situational Attribution)의 오류를 활용할 수 있다. "어젯밤 술을 마시지 않았으면 시험을 잘 봤을 텐데." 충분히 이해가 가는 변명이다. 숙취가 있는 상태에서 시험을 보면 개인의 능력을 제대로 발휘할 수 없다는 사실은 모두가 알고 있기 때문이다. 그렇지만, 또 다른 가능성에 대해서도 생각해보자. 그가 시험을 잘 본 경우다. 이제 그의 성공은 더욱 강렬한 것이 되었다. "난 지난밤 친구들과 술을 마셨는데도 시험에서 좋은 성적을 받았어. 난 천재인가 봐!"

연구에 따르면 개인은 자신에 대한 인식이 부정적이 되는 것을 피하기 위해서라면 무슨 짓이든 한다고 한다. 나브라틸로바나 이 가상의 학생처럼 실제로 해가 되는 행동(시합에서 최선을 다하지 않고 시험공부를 하지 않는 것)을 하는 것이다. 그렇지만, 이는 자신이 할 수 있는 만큼 보여주지 않았다는 뜻이기도 하다. 열심히 공부했음에도 시험을 망친 학생이 좋아할 만한 결론이다. 나브라틸로바는 비록 어린 선수들에게 패했지만, 자신이 여전히 테니스 분야 최고의 선수들과 경쟁할 수 있다고 확신하게 되었다.

자기효능감과 마찬가지로 자기열등화는 상황과 맥락에 따라 달라진다. 학자들은 자기열등화를 상황적인 경우와 일상적인 경우로 나눈다. 어린 조카에게 체스 게임을 져주는 것이 전자에 속한다. 여전히 배우는 단계인 조카의 의지를 꺾고 싶지 않고, 형제와 내기할 때처럼 지지 않으려고 최선을 다하고 싶지도 않기 때문이다. 하지만, 자기열등화는 지속적으로 약물을 남용하거나 알코올 중독에 빠져 사는 사람처럼 일상의 한 부분으로 고착되기도 한다.[15]

자기효능감, 자기충족적 예언, 자기열등화에 대한 내용을 염두에 두면 성인으로서 무언가에 익숙해지고자 노력할 때 생기는 불안감을 줄일 수 있다.[16] 과거의 특정한 결과가 현재와 미래를 예측하도록 내버려 두지 말자. 잘된 일은 부각시키되 실패에 대한 두려움이 있더라도 최선을 다해야 한다.

수준에 맞는 학습 계획을 세우라

외국어를 유창하게 구사하고 싶다는 목표를 세웠다면 공부할 주제가 너무 어렵거나 쉬워서는 안 된다. 특히 독학으로 언어를 공부할 때에

서른, 외국어를 다시 시작하다

그렇다. 그리스어에 대한 실용적 지식이 있는 사람이 기본 단어를 공부하고 초급 문제를 푸는 데 거의 모든 시간을 들이는 것은 바람직하지 못하다(7장에서 살펴볼 일부 과잉 학습이 도움되는 경우는 예외로 한다). 힘들이지 않고 "기차역이 어디에요?"와 같은 단순한 문장을 줄줄 말하면 기분이 좋을지 몰라도 쉬운 내용만 연습한다면 궁극적으로는 공부 시간을 제대로 활용했다고 볼 수 없다. 같은 맥락에서 초급자가 가정법과 같은 어려운 주제로 갑자기 넘어가는 것 역시 효율적인 공부라 할 수 없다.

이 말은 곧 목표한 언어 학습의 지점마다 주제와 연습문제가 현재 실력에 가장 적합하도록 구성되어야 한다는 뜻이다. 곰이 먹으려고 놓아둔 수프 세 개 중에서 너무 뜨겁지도 차갑지도 않은 것을 찾은 소녀 골디락스(Goldilocks)의 이야기를 떠올려보자. 그녀와 마찬가지로 당신도 현재 상황에 '꼭 맞는' 주제를 찾고 있다. 문제는 그 부분이 어디인지를 찾는 일이다.

우리가 언급하는 개념은 시대에 따라 용어가 달라지기는 하지만, 교육 분야에서는 아주 잘 알려진 것들이다. 이 개념에 대해 최초로 언급한 가장 유명한 인물은 러시아의 심리학자 레프 비고츠키(Lev Vygotsky)가 아닐까 싶다. 1930년대 초 비고츠키는 학습자가 아무런 도움 없이 배울 수 있는 것과 선생님 등 누군가 가르쳐주어야만 배울 수 있는 것 사이를 '근접발달영역(ZPD, Zone of Proximal

Development)'이라 불렀다.[17]

교육자들은 ZPD와 같은 특성을 다른 용어로 부르기도 했다. 교사와 학교 심리상담자들은 개인이 특정한 교육적 경험의 혜택을 보는 인식 단계를 준비(Readiness) 개념으로 보았다. 초등학교 1학년은 미적분을 공부할 의식적 준비가 되지 않았고 그와 관련된 수학적 지식도 가지고 있지 않다. 하지만, 수직선을 따라 수를 세는 것과 같은 명확한 개념은 이해할 수 있다.

가끔 예상치 못했거나 돌발적인 사건이 개인의 ZPD 속 개념을 이해하는 데 도움을 주기도 한다. 필자가 이 부분의 원고를 집필할 무렵 미국 뉴스는 디트로이트 시가 파산을 선언했다는 소식으로 들끓었다. 많은 아나운서가 이 사건을 산업화 이후의 미국 대도시가 직면한 경제적 어려움을 이해하게 해주는 '교훈적인 사건'이라고 언급했다. 우리 중 누군가는 파산법, 공공 정책, 연금 납부 의무와 같은 궁금한 정보를 직접 찾아볼 것이다. 그러나 디트로이트 시 파산에서 중요한 점은 이제 수백만 명의 사람들이 거시경제의 원칙에 대해 더 배울 준비가 되었다는 것이다.

교육 분야에서 즐겨 활용하는 또 다른 개념은 비계(Scaffolding)다. 작업용 발판인 비계가 화가나 다른 예술가를 물리적으로 도와주는 것이라면, 선생님은 제자가 스스로 학습할 수 없는 무언가를 배울 수 있도록 도와준다. 그리고 일부 영역에서는 배움을 얻고 나면 최대한 빨리 다른 사람에게 배움을 전달해야 한다고 여긴다. 레지던트들에게는 "하나를 보고 하나를 해보고 하나를 가르친다."라는 말이 아주 익숙하다. 그들은 배울 것이 너무 많아서 실제로 요추천자와 같은 시술을 해보기 전에 관찰할 기회가 없다. 숙련이란 그런 시술을 직접 목격한 다음 스스로 성공적으로 해내는 것을 의미한다. 레지던트가 해당 과정을 제대로 완수하면 그 밑으로 들어오는 다른 수련의의 비계가 될 수 있다.

이 모든 것들이 성인 외국어 학습자에게도 중요하게 적용된다. 같은 동네에 사는 원어민 이웃은 여러분과 대화를 나눌 때 여러분의 외국어 실력이 실제보다 더 빨리 늘거라 예상할 것이다. 외국어에 숙달되고 나면 무엇이 쉽고, 이해하고 익히는 데 시간이 더 많이 걸리는 부분은 어디인지 등 자신의 강점과 약점을 알게 된다. 외국어를 공부할 시간이 무진장 많은 것은 아닐 테니 목표를 정할 때 최대한 시간을 효율적으로 사용할 수 있도록 해야 한다. 이 말은 곧 근접발달영역(ZPD)으로 들어가길 원한다는 의미이기도 하다. 대화를 나누거나 연습해보는 것이 아주 쉽게 느껴진다면 난도를 높이는 것이 바람직하다. 그리고 대화 상대가 당신의 수준에서 벗어난 주제를 가지고 열정적으로 이야기를 쏟아낼 때 말을 멈추고 좀 더 천천히 혹은 간단한 예를 들어 쉽게 설명해달라고 요구하는 것은 당신의 몫이다. 중요한 사실은 해당 언어를 모국어로 구사하는 사람 모두가 뛰어난 스승은 아니라는 점이다. 성인 학습자는 자신이 제대로 된 지점에 와 있는지, 적절한 변화가 필요한지 판단하는 능력을 갖추고 있다.[18]

이렇게 생각해보자. 테니스 실력을 향상시킬 수 있는 가장 좋은 방법은 자신보다 조금 더 잘하는 사람과 경기를 해보는 것이다. 자신보다 실력이 떨어지는 상대와 붙는다면 그 상대를 도와주는 것이지 본인에게는 전혀 도움이 되지 않는다. 그리고 실력이 아주 뛰어난 상대와 경기를 한다고 해도 그 사람이 당신보다 조금 더 잘하는 수준으로 맞춰주지 않는 한 실력 향상을 기대하기 어렵다. 언어를 배우거나 테니스를 치거나 스스로 적절한 지점에 왔는지 인식하는 일이 성인 학습자라면 누구나 발달시킬 수 있는 가장 중요한 메타인지 기술이다. '스스로의 사고에 대해 생각'하는 능력이 테니스장이든 교실이든 본인의 학습 환경을 최적화하는 데 도움이 된다.

3

언어란 무엇인가?

i는 c로 시작하는 단어나 Neighbor나 Weigh처럼
a로 발음되는 경우 외에는 항상 e 앞에 온다.

어린이가 언어를 배울 때는 읽기보다 말을 먼저 배운다. 일부 성인 외국어 학습자는 자신들도 이와 같은 방식으로 목표 언어를 익혀야 한다고 생각한다. 즉, 회화가 완전히 능숙해질 때까지 독해는 거들떠보지 않는 것이다. 영어는 소리와 글씨가 일대일로 상응하지 않기 때문에 영어 구사자에게는 이 같은 잘못된 생각이 논리적으로 보일 수도 있다.

소리와 글자의 상관관계는 언어학적으로 음소-문자소 대응관계(Phoneme – grapheme Correspondence)라고 지칭한다. 음소는 언어의 발음을, 문자소는 음소를 글로 옮긴 형태를 지칭한다. 원론적으로 소

리와 글자가 일대일로 대응해야 한다. 영어에는 약 40가지 음소가 있지만 라틴어 알파벳은 26글자뿐이라 일부 글자는 두 가지 역할을 해야 한다. 다른 언어들은 발음 구별 부호를 사용해 이 같은 문제를 일부 해결했다. 프랑스어의 affamé (기아)나 façade (정면) 등이 글자의 위나 아래에 부호를 표시해서 다른 발음을 나타내는 좋은 예다.

물론 영어도 이렇게 할 수 있다면 전혀 문제가 되지 않는다. 하지만, 그렇지 못하다. 영어는 생성 초기에 형태가 상당히 굳어진 관계로 발음의 전체적 변화는 이후에 발생했다. 다른 언어는 영어보다 변화의 속도가 느리거나 구어체와 함께 철자 변화가 진행되었다. 이런 방식은 영어에서는 찾아볼 수 없기에 같은 발음이 여러 가지 방식으로 문자화된 것이다. 일부 철자는 묵음인데 특정한 경우에만 국한된다. 예외적인 경우도 상당하다. 그리고 이러한 불규칙성이 외국어로 영어를 공부하려는 학습자를 골치 아프게 한다.

영어의 철자와 발음 간 관계가 불규칙한 것은 아일랜드 극작가인 조지 버나드 쇼(George Bernard Shaw)의 조금은 잘못된 예시를 통해 알 수 있다.[1] Fish (물고기)라는 단어를 ghoti라고 쓰는 것으로 볼 때 'f' 발음은 engough (충분한)처럼 'gh'로 쓰고 'i' 발음은 women (여성)처럼 'o'로 쓰며 'sh'는 nation처럼 'ti'로 쓴다. 다시 말해 어떤 식으로든 될

서론, 외국어를 다시 시작하다

수 있다는 말이다. 'ghoti'와 같은 단어를 토대로 많은 사람이 오랜 세월에 걸쳐 영어 철자 형태를 완전히 바꾸었고 비록 그 문제가 쉽게 식별할 수 있는 것이라 할지라도 쉬운 해결책을 내놓지 못하게 되었다.

이와 대조적으로 필자 중 한 사람인 로저는 독일어 공부를 시작한 고등학교 1학년 때 선생님의 충격적인 발언 때문에 고정관념에 사로잡히게 되었다. "독일어는 아주 규칙적인 언어란다. 발음 규칙을 알면 한 번도 본 적이 없는 단어라고 해도 거의 다 읽을 수 있게 돼. 그리고 철자를 쓰는 법을 알게 되면 듣는 모든 단어를 다 받아 적을 수 있단다." 판단 기준이 영어인 사람에게는 분명히 불가능해 보인다.

언어에서 철자와 소리의 일치가 연속성의 두 지점이라 가정하고 한 쪽 끝은 완벽한 조화를, 다른 한쪽은 완벽한 혼란을 지칭한다면 영어는 '서부시대'에 있다고 보는 것이 타당하다. 그렇지만, 많은 언어가 철자와 소리의 일관성에서 놀라울 정도의 높은 수준을 보여준다. 핀란드어, 그리스어, 일본어의 음절 문자 체계, 스페인어가 모두 이 범주에 속한다. 이들은 철자와 소리의 순응이 규칙적이고 예외사항이 많지 않다(대부분은 다른 언어에서 차용한 외래어의 사례로 국한된다). 그리고 철자와 소리의 일관성에 대한 다른 사항에서 아랍어, 프랑스어, 히브리어는 영어보다는 더 규칙적이지만, 이상적인 일관성이라고 하기에는 부족하다.

철자와 발음이 일치하지 않아 발생하는 실질적인 문제가 있다. 발달 연구에 따르면 어린이는 영어와 같은 불규칙한 언어를 해독하는 데 더 큰 어려움을 겪으며 그 결과 읽는 법을 익히는 시간이 더 많이 걸린다고 한다. 그리고 앞서 언급한 것처럼 영어를 배우고자 하는 성인 학습자는 이런 불일치성 때문에 적응하기 어렵고 좌절감을 느낀다. 그럼에도, 이 같은 어려움이 영어를 쓰는 사람들로 하여금 읽거나 쓰지 못하게 만드는 것은 아니다. 스페인어처럼 음소-문자소 대응 관계가 규칙적인 언어에서는 철자 맞추기 게임 등을 할 필요가 없다.

상황이 이렇다 보니 사람들이 외국어를 읽고 쓰면서 알게 되는 불규칙성으로 혼란을 겪기보다는 말하기와 듣기에만 집중하려는 모습을 보이는 것도 무리가 아니다.[2] 그러나 교육 심리학자인 데이비드 오스벨 (David Ausubel)은 쓰기와 말하기가 동시에 이루어져야 하는 두 가지 이유를 지적했다. 첫째, 청소년기를 거치며 상당수의 어른이 읽기와 듣기 조합을 통한 새로운 정보 습득 능력을 이미 높여왔다는 점이다. 그래서 이러한 방식으로 새로운 언어를 배우지 않는 것이 더 이상한 일이다. 따라서 오로지 말하기에만 집중하는 것은 "나이 든 학습자가 가장 익숙하고 자신 있는 주요 학습 도구와 지침을 사용하도록 허락하지 않는 것이다. 특히 학습의 스트레스가 가장 큰 초기 단계에서는 더욱 안타까운 일이다."[3]

둘째, 오스벨은 읽기가 회화에 매우 유용한 도움을 준다고 지적했다. 특히 새로운 언어를 인식하는 초창기에는 낯선 소리와 음절 조합, 억양 유형, 단어군, 문법 구조를 구별하기가 어렵기 때문이다. 회화 공부와 더불어 독해를 병행하면 성인 학습자가 구별할 수 있는 추가적인 힌트를 얻을 수 있다. 학생이 말하기와 읽기를 동시에 할 수 있게 되면 이 능력이 번갈아 발휘되거나 점진적으로 강화되어 시간이 흘러 순전히 회화만 혹은 쓰기 능력만 강화하고 싶을 때가 왔을 때 도움을 준다.

따라서 새로운 언어를 배울 때는 읽기와 말하기를 동시에 해야 한다. 처음에는 더디게 느껴질 수도 있겠지만(배우는 언어에 따라) 적어도 영어를 모국어로 사용하는 학습자라면 모국어보다 해당 외국어가 훨씬 규칙성이 있다는 점을 알게 될 것이다. 철자와 발음이 조화롭게 공존할 수 있다는 사실을 알게 되어 놀란 로저처럼 당신도 그럴 것이며 읽기를 통해 회화와 듣기 실력을, 혹은 그 반대가 되든 실력을 강화할 수 있다는 점도 알게 될 것이다. 당신은 이미 두 가지 방식 모두 어떻게 하는지 아는 성인이다. 그런데 왜 자신이 지닌 분명한 장점을 부정한 채로 새로운 언어를 배우려고 하는 것인가?

미국 정부 외국어 교육협회의 이모저모

우리는 자연스럽게 자신을 다른 누군가와 비교한다. 그러면서 스스로 얼마나 발전했는지 중요한 피드백을 얻는다. 하지만, 언어 학습에는 누구와 비교하느냐가 매우 중요하다. 따라서 자신의 실력 향상을 평가하기에 앞서 외국어 학습의 중요한 기준이 되는 미국 정부의 외국어 교육협회(Foreign Service Institute, 이하 FSI)에 대해 알아보기로 하자.

FSI는 외교관이나 외무부에서 일하는 직원들의 외국어 훈련을 위해 미국 정부가 설립한 기관이다. 세계 전역에 지점이 있지만 가장 큰 곳은 워싱턴 DC 외곽 버지니아주 알링턴에 위치한 조지 P 슐츠 미 외무부 트레이닝 센터(the George P. Shultz National Foreign Affairs Training Center, 이하 NFATC)다. 매년 NFATC의 700개가 넘는 강좌에 10만 명 이상의 학생들이 등록한다. 이 강좌들은 모두 전 세계 290곳 이상 되는 대사관, 영사관, 외교 관련 기관에서 일할 외국 근무 장교와 직원들을 위해 만들어졌다. 대학교와 같은 구성 체제인 FSI는 리더십, 위기관리, 외교 지식, IT, 안전과 보안 등과 같은 다양한 분야의 강좌를 온라인과 오프라인으로 제공한다.

이곳이 유명한 이유는 단연 외국어 학습 덕분이다. FSI에서 가르

서론, 외국어를 다시 시작하다

치는 외국어 수는 70가지가 넘는다(물론 모든 외국어를 언제든지 배울 수 있는 것은 아니다). 그렇지만, 외무관련직 종사자 전원이 수업을 들을 수 있는 것은 아니다. 일반적으로 언어 관련 직무(LDP)를 담당하는 개인에게만 서비스를 제공한다. 또한, 해당 직군 전부가 같은 교육 시간을 배정받는 것도 아니다. FSI는 숙련도의 정도를 0(전혀 숙달되지 않음)에서 5(원어민과 같이 수준)까지 정해둔 ILR (Interagency Language Roundtable, 관계 부처 간 언어 원탁회의)을 기준으로 개인을 평가한다. 숙련도는 여러 가지 다른 유형이 있지만(말하기, 읽기, 듣기, 쓰기, 번역 능력, 통역 능력, 다문화 소통 능력, 음성 동시통역 능력 등) 언어 관련 직군에 종사하는 사람들은 오로지 말하기(S)와 읽기(R)에만 집중한다. 전 세계에 약 4,100개의 언어 관련 직군이 있고 대부분은 말하기와 읽기 능력으로 3(직업적으로 어느 정도 숙달된 수준)을 요구한다. 이것을 S3/R3으로 표시하거나 줄여서 3-3이라고 말한다. 숙련도에 대해서 살펴볼 다음 절에서 이 세 레벨에 대해 더 자세히 살펴보기로 하자.

예상할 수 있겠지만, S3/R3 수준의 외국어가 필요한 모든 직군의 사람들이 같은 시간을 들여 해당 언어를 공부하지는 않는다. S3/R3의 수준에 도달하는 시간은 해당 언어의 난도에 따라 다르다. 난도는 영어를 모국어로 하는 학습자가 전혀 숙달되지 않은 상태(0)에서 직업적으로 어느 정도 숙달된 수준(3)에 도달하기까지 걸리는 시간에 따라 결정된다. 스페인어, 이탈리아어, 포르투갈어, 스웨덴어, 네덜란드어를 공부하는 외교관들은 24주 안에 S3/R3 수준에 올라야 한다. 프랑스어는 30주가 소요된다. 독일어, 인도네시아어, 스와힐리어는 36주로 잡는다. 그보다 난도가 더 높아 '어려운' 언어인 러시아어, 우르두어, 버마어는 44주가 필요하다. 마지막으로 아무 기본 지식 없이 S3/R3 수준에 오르기 '엄청나게 어려운' 언어인 아랍어, 중국어(표준 중국어, 광둥어), 일본어, 한국어는 근 2년, 즉 88주로 잡는다.

물론 이 시간은 FSI가 성공적으로 학습을 끝낸 학생들을 대상으로 낸 평균 수치다. 이 수치는 정기적으로 검토하며 변경될 수 있다. 특정 언어가 다른 언어보다 배우는 데 시간이 더 걸리는 이유는 딱 잘라 말하기 어렵다. 하지만, 일반적으로 영어와 비슷할수록 배우는 속도가 더 빠르다. 예를 들어, 프랑스어는 태국어보다 영어와 더 비슷하다. 그러므로 영어가 모국어인 학습자에게 프랑스어보다 태국어 습득 시간이 더 걸린다. 마찬가지로 스페인어는 영어와 표기 체계가 유사하지만, 아랍어는 그렇지 않다. 따라서 스페인어를 배우는 학생이 아랍어를 배우는 학생보다 학습 시간이 적게 든다. 해당 언어의 발음 체계가 영어와 얼마나 비슷한지와 같은 그 밖의 요인들 역시 난도에 영향을 미치니 이 정도면 필자가 무슨 말을 하려는지 알 것이다.

　FSI는 정부 지원 기관이므로 정기적으로 감찰관실(OIG)의 평가를 받는다. 2012년 OIG 보고에 따르면 배경지식이 전혀 없는 상태에서 목표 언어의 S3/R3 수준까지 성공적으로 도달한 확률은 전체 60%라고 한다. 그렇지만, 정해진 시간 안에 원하는 수준에 도달하지 못한 학생 대부분이 계속 공부를 해 나갔기에 전반적인 성공률은 궁극적으로 82%까지 높아졌다. 여기서 흥미로운 사실은 정해진 시간 안에 성공한 확률이 가장 낮은 두 언어는 어렵다고 생각했던 아랍어나 중국어가 아니라 영어와 친근한 프랑스어와 독일어라는 점이다.[4]

　한가지 염두에 둘 것은 FSI에서 공부하는 학생 대부분이 해당 언어를 온종일 공부했다는 사실이다. 이들은 하루에 4~5시간을 4명 이하의 학생들로 이루어진 강의실에서 수업을 듣고 일대일 지도도 받았다. 목표 언어 습득이 가장 중요한 일이었기에 FSI의 학생들은 하루에 최소 8시간을 학교에 머물렀고 그 외의 시간은 자습에 할애했다. FSI는 또한 최신식 언어 연습실, 학습 자료가 가득한 도서관, 인터넷을 쓸 수 있는 강의실 등을 제공했다. 그러니 학생 대부분이 원하는 목표에 도달한 것은 당연한 일이 아닐까? 당신이 알바니아의 수도 티나라(Tirana)에 파견 근무를 가려고 FSI에서 공부하는 학생이든 항상 이탈리아어를 배우고 싶어했던 부모든 간에 언어가 쉬울지, 어려울지 혹은 매우 어려울지 걱정할 필요는 없다. 결국에 해당 언어의 난도는 그 언어에 대한 당신의 애착을 이기지 못하기 때문이다. 중국어에 매료되었다면 중국어를 공부하되 스페인어를 공부하는 친구만큼 쉽게 단어를 외울 수 있을 거라고 기대하지만 않으면 된다. 아울러 FSI에서 필요한 모든 지원이 다 제공되었음에도 학생 40%는 정해진 시간 안에 S3/R3 수준에 오르지 못했지만, 그렇다고 포기하지는 않았다. 당신도 마찬가지다.

유창함과 숙련도 측정하기

많은 사람이 유창함(Fluency)이라는 용어를 한 개인이 외국어를 얼마나 잘 구사하는지 파악하는 용도로 사용한다. 그렇지만, 언어학자, 교육자, 언어병리학자나 다른 학자들은 유창함을 더욱 구체적으로 정의하며, 각각의 정의는 목표에 따라 조금씩 다른 의미를 지닌다.[5] 엄밀히 말해서 유창함이란 말을 하는 속도를 기준으로 한다. 즉, 한 개인이 특정 언어를 유창하게 구사한다고 하면 그 사람이 얼마나 빠르고, 자연스럽고 정확하게 말을 하느냐를 보는 것이다. 이 같은 관점에서 유창함이라는 용어는 해당 언어를 활용하는 개인의 능력을 지칭하는 숙련도와는 다른 개념이다. 그게 그거 아니냐고 반문하고 싶다면 다음 내용을 눈여겨보자.

실어증(Aphasia)은 뇌를 다쳐 언어능력을 상실한 병을 일컫는다.[6] 실어증의 일종으로 비유창성 실어증 혹은 브로카 실어증(Broca's Aphasis)으로 불리는 질환은 더듬거림, 부자연스러움을 동반하지만, 여전히 말은 제대로 할 수 있다. 브로카 실어증에 걸린 사람은 자신의 감정을 유창하게 표현할 수 없지만, 그럼에도 언어적 지식을 가지고 있고 생각을 제대로 표현할 수 있는 능력이 있기 때문에 뇌가 손상된 이후에 언어 숙련도를 되찾았다고 할 수 있다. 이와 반대로 유창성 실어증 혹은 베르니케 실어증(Wernicke's Aphasia)은 별다른 어려움 없이 말을 잘할 수는 있지만, 의미가 거의 전달되지 않는다.

또 다른 사례를 살펴보자. 레퍼토리를 달달 외운 오페라 가수는 오페라를 완벽하게 부를 수 있지만, 오페라 하우스를 나서서 그 언어로 택시를 불러 세울 수는 없다. 이 가수는 유창함을 보여줄 수 있지만, 해당 언어에 숙련되지는 않은 것이다. 마찬가지로 교육을 거의 받지 못한 사람의 모국어 수준은 유창하게 보이지만 숙련도는 낮다.

하지만, 유창함과 숙련도(Proficiency)의 구별은 대부분의 외국어 학습자에게서 그리 중요한 문제가 아니다. 한 언어를 유창하게 구사하려면 높은 수준의 숙련도를 적용시킬 수 있어야 하고 학습자 대부분이 이 두 가지를 모두 충족시키려고 하기 때문이다.

외국어를 얼마나 잘 구사하는지를 수치화하는 일은 쉽지 않다. 누군가는 자신이 100% 유창하다고 자부할 테지만 식당에 가서 해당 언어로 음식을 제대로 주문하지 못할 수도 있다. 또 다른 누군가는 대상 언어를 키르케고르(Kierkegaard)의 아이러니를 분석하는 데 사용할 때 자신의 열악한 언어 능력에 자책할 것이다. 이 같은 문제를 해결하는 방법의 하나는 객관적으로 언어 능력을 측정할 수 있는 기준을 만드는 것이고 앞장에서 살펴본 것처럼 이것이 FSI가 하는 일이다. 이들이 정한 기준을 좀 더 자세히 살펴보면서 성인 외국어 학습자에게 어떻게 적용할 수 있는지 알아보자.

앞서 설명한 대로 ILR의 숙련도 기준은 0~5로 나뉜다. 0은 언어적 숙련도가 전혀 없는 상태다. 두 필자는 힌디어에서 모두 S0/R0 상태로, 둘 중 누구도 힌디어를 말하거나 읽을 수 없다. 그와 정반대인 최고점 5는 원어민 수준으로 숙련을 보이는 사람을 지칭한다. 예를 들어, S5는 목표 언어로 고등교육을 받은 원어민처럼 정확하게 구사하는 학습자를 지칭한다. 이상하게 들리겠지만 모든 원어민이 레벨 5 수준으로 모국어를 말하거나 읽을 수 있는 것은 아니다. ILR의 평가 기준에 대해 더 알고 싶거나 자신의 말하기, 읽기, 혹은 듣기 수준을 직접 평가해보고 싶다면 http://govtilr.org를 참고하라.

대부분의 성인 학습자들은 외국어를 배울 때 말하기에 집중하는 경향이 있으므로 레벨 1부터 4까지의 ILR 말하기 기준을 자세히 살펴보자.

레벨 1 : 초급 수준의 숙련도

레벨 1의 학습자는 자기소개(이름, 나이, 사는 곳)를 할 수 있고 단순하고 예측 가능한 대화를 나눌 수 있다. 일반적으로 서로의 안부를 물을 수 있고 예의 바른 표현을 사용한다. 대화를 하는 원어민은 반드시 천천히 그리고 분명하게 말을 해주어야 하고 알아들을 수 있도록 몇 번씩 반복해서 말하는 경우가 많다. 마찬가지로 레벨 1의 학습자가 하는 말을 알아들으려면 아주 집중해서 노력해야 한다. 레벨 1의 학습자는 종종 말뜻을 이해하지 못하고 제한적인 어휘만 사용하며 정확도도 떨어진다. 아울러 기본적인 문법과 발음에서 약간의 실수가 있다. 레벨 1 학습자는 고등학교나 대학에서 선택 과목으로 해당 언어를 배웠을 가능성이 있으며 기초적인 방식으로 해당 언어를 말한다.

레벨 1의 수준으로 언어를 말하겠다는 것은 많은 성인 학습자가 세울 수 있는 적절한 목표다. S1의 실력은 시간과 노력을 들여 다른 언어를 배우고 원어민들의 대화에 낄 수 있다는 것을 의미한다. 레벨 1 수준에 오르려면 열심히 노력해야 한다. 이때 자신이 할 수 없는 것에 집중하지 말고 할 수 있는 일에 몰두해 보자.

레벨 2 : 제한적인 수준의 숙련도

레벨 2 수준으로 외국어를 구사하는 사람은 모든 사회적 상황에서 필요한 요구를 쉽게 충족시킬 수 있고 기본적인 업무 요건도 이행할 수 있다. 그렇지만, 여전히 복잡한 과제 수행에는 어려움을 겪는다. 기본적인 주제(날씨, 사회 문제, 일, 가족 등)에 관한 일상적인 대화가 가능하다. 그러나 이 주제에서 대화가 벗어나면 문제를 겪는다. 레벨 2 학습자는 기본적인 문법과 단어 실수는 하지 않지만, 정교한 문장을 구사하지 못한다. 그래서 제한적인 어휘를 반복해서 쓴다. 예를 들어, 아름답다(beautiful), 멋지다(gorgeous), 눈부시다(stunning), 매력적이다(attractive), 귀엽다(cute)와 같은 단어의 차이를 인식하기보다는 모든 상황에서 예쁘다(pretty)는 단어를 쓰는 것이다. 복잡한 문법 구조(특정 언어의 가정법 등)는 여전히 약하거나 구사하지 못한다. 대학에서 특정 언어를 전공한 사람은 졸업할 때 해당 언어를 레벨 2 수준으로 구사할 것으로 예상된다.

성인 외국어 학습자가 레벨 2 수준에 올랐다면 분명히 성취를 자랑스러워할 만하다. 레벨 2 수준이 된다면 해당 언어로 큰 어려움 없이 지낼 수 있다. 레벨 2 수준의 말하기에서 오는 자신감이 상당한 이유는 기본적인 필요를 충족시키기 위해 원어민에게 의존할 필요가 없기 때문이다. 레벨 2 수준의 학습자는 레벨 3에 도달하기 위해 더욱 열심히 노력하는 경우가 많다.

레벨 3: 일반적인 수준의 숙련도

레벨 3 수준의 학습자는 공식적, 비공식적인 모든 대화에 무리 없이 참여할 수 있는 문법과 어휘력을 갖추었다. 평범한 속도로 말을 하며 원어민이 학습자를 위해 속도를 늦출 필요가 없다. 해당 언어를 잘 구사하지만, 여전히 일부 한계가 있다. 레벨 3 학습자는 비유 언어(은유, 관용표현, 속담 등)나 문화적 배경의 의미를 이해하는 데 어려움을 겪는다. 또한, 여전히 외국인의 억양을 유지하고 있다. 레벨 3 학습자는 원어민의 말을 쉽게 이해하고 원어민 역시 학습자의 말을 쉽게 알아들을 수 있다. 이 레벨이 대부분의 성인 외국어 학습자가 추구하는 목표다. 해당 언어의 석사학위가 있는 사람은 레벨 3 수준의 회화 실력을 갖추었을 것이다. 유창함의 정의가 자신을 지속적으로 막힘없이 표현하는 것이라면 레벨 3 학습자는 해당 언어에 유창하다고 말할 수 있다.

레벨 4 : 고급 수준의 숙련도

레벨 4에 오른 학습자는 말하기에서 실수가 거의 없다. 문화적인 어휘와 수치도 적절하게 활용한다. 예를 들어, 레벨 4 학습자는 비난도 제대로 할 수 있다. 그래서 목표 언어와 모국어 사이를 비공식적으로 통역하는 역할도 가능하다. 또한, 해당 언어의 다양한 방언도 이해할 수 있다. 레벨 4 학습자는 가끔 원어민이 쓰지 않는 방식으로 말을 하는 경우가 있다는 것을 제외하면 레벨 5 학습자와 거의 차이가 없다.

이 레벨들을 살필 때 주의할 점은 ILR이 지정한 등급은 한 개인이 다른 문화권에 적응하거나 살아가는 능력을 반영한 것이 아니라는 사실이다. 해당 언어를 얼마나 잘 구사하는지를 정말로 테스트하려면 그 언어를 얼마나 쉽게 사용해 소통하고 그 속에서 즐거움을 얻는지를 측정해야 한다. 중요한 점은 언어 공부에서 얻고자 하는 목표 지점이 정확히 어디인지 생각하고 그 목표를 향해 나아가는 것이다. 직장에서 공식적으로 말을 잘하고 싶은가, 아니면 친구를 사귀는 정도면 충분하다고 생각하는가 등이다. 숙련도는 연속적이며 측정하는 영역과 방식에 따라 수준이 달라진다. 그러므로 자신만의 속도를 정하고 장점에 집중한다. 테스트 점수가 도움될 수 있지만, 자신이 원하는 수준이 어디인지 잊어버릴 수도 있다. 그리고 공부를 해나가는 동안 좌절감을 느끼거나 포기하고 싶다면 원어민이라고 완벽하게 모국어를 구사하는 것이 아니며, 그들도 소통이라는 목표를 이룰 정도의 언어 능력만 갖추고 있다는 점을 명심하자. 그러니 굳이 높은 기준에 자신을 옭아맬 필요가 없지 않을까?

중간 언어

필립 크로퍼드(Philip Crawford)는 《뉴욕 타임스(New York Times)》에 기고한 유머러스한 에세이에서 프랑스인 아내와 아들에게 식사하기 전 "본 아뻬띠(Bon appétit, 맛있게 드세요)"라고 말했다가 어설프다며 면박을 받았던 일화를 꺼냈다.[7] 그는 교수인 프랑스 친구들에게 이야기를 꺼냈고 친구들은 그의 가족이 보인 반응에 기본적으로 동의했다. 그리고 모두가 '그 주제는 정말로 예민해 언어학자, 사회 언어학자, 예의범절 교사, 관습과 전통 전문가, 몇몇 공작부인들까지 모여 심포지엄을 열어야 할 정도의 문제'라는 사실을 인식했다. 크로퍼드는 프랑스에 살고 있었고 30년 넘게 프랑스어를 공부했지만 그만 실수를 저지르고 만 것이다.

어쩌면 당신도 한 언어를 유창하고 상당히 편안하게 구사하는 수준이 되었는데 그동안 즐겨 사용해왔던 말이나 어구가 사실은 틀린 표현이었다는 것을 알게 되어 놀랄지도 모른다. 그래서 크로퍼드가 저녁 식사자리에서 느낀 것처럼 당신 역시 자신이 옳다고 자신에 찬 나머지 오히려 원어민이 틀렸다고 지적하려 할 수도 있다! 어떻게 이런 일이 생기는 것일까?

개인이 언어를 배울 때 새로운 발음, 단어, 문법 구조, 사회적인 용법을 점진적으로 익힌다. ILR 기준에 따르면 0~5 사이에 있는 언어 능력 모두를 중간 언어(Interlanguage)로 볼 수 있다.[8] 다시 말해, 중간 언어란 특정한 언어를 처음 배울 때와 완전히 익히는 시점 사이에 사용하는 독특한 언어를 일컫는다. 그래서 대부분의 성인 학습자들은 오랫동안 중간 언어 단계에 있게 된다.

비록 한 개인의 중간 언어가 그 사람에게만 국한되었고 개인이 배운 고유한 내용과 그렇지 않은 부분까지 포괄하고 있지만, 모든 성인 외국어 학습자는 중간 언어에 대해 비슷한 양상을 보인다. 우선, 필요에 따라 외국어 학습에 모국어를 이용한다. 어떤 언어인지에 따라 두 언어 사이에 유사성이 커서 이 방식이 도움될 수도 있고 가끔은 영어 어순을 일본어에 사용하는 것처럼 방해되기도 한다. 둘째, 새로운 단어나 문법 구조를 배우고 나면 학습자는 이를 지나치게 일반화하려는 경향이 있다. 이 말은 곧, 새로 배운 단어나 구조를 빈번하게 사용하며 가끔은 적절하지 않은 곳에 쓰기도 한다는 뜻이다. 예를 들어, 한국어를 배우는 미국인이 가장 먼저 익히는 단어는 '복잡'이다. 이 말을 빨리 익히는 까닭은 그 발음이 영어 'pork chop'(폭찹)과 비슷하기 때문이다. 이렇게 쉽게 익히다 보니 갑자기 모든 정신없는 상황이 생기면 교통 체증이나 어려운 시험 문제 등을 설명하는 것처럼 부적절한 상황에서도 무조건 '복잡하다'는 말을 쓴다. 학습자가 이런 상황을 다른 어떤 한국말로 표현해야 할지 모른다면 그가 쓸 수 있는 말은 '복잡하다'뿐이다.

이처럼 아는 단어가 몇백 개에 지나지 않는다면 지나친 일반화는 당연한 일이고 해당 어휘의 활용 빈도가 높아질 수밖에 없다. 사실 학습자는 배운 단어를 해당 언어와 같은 뜻을 지닌 모국어를 사용하는 방식과 마찬가지로 활용하려고 하기 때문에 지나친 일반화와 언어전이는 함께 일어난다. 마지막으로 개인의 중간 언어는 최적화되어 있지 않으므로 언어의 단순화된 버전이라 정의할 수 있다.

그러므로 당신이 말하는 중간 언어는 정확할 수도, 부정확할 수도 있다. 그렇지만, 자신만의 독창적인 실수를 저지르는 까닭은 짐작하건대 원어민이 그 말을 사용하는 것을 들어본 적이 없기 때문일 것이다. 이상적으로 보자면 언어를 배워나가면서 정확하게 사용하는 빈도는 높아지고 잘못된 활용은 줄어들기 때문에 이론적으로 학습자의 중간 언어는 체계적인 방식으로 완전한 습득을 향해 나아가야 한다.

그러나 불행히도 그렇게 진행되지 않는다. 중간 언어는 체계적이지 않다. 같은 수업을 듣는 학생들 사이에서도 편차가 크다. 게다가 한 사람의 중간 언어 능력 향상은 멈추거나 점차 퇴보해서 화석화될 수도 있다.[9] 해당 언어로 대부분의 표현을 할 수 있는 수준에 오르면 더는 중간 언어가 향상될 필요를 느끼지 못한다. 그 학습자가 하는 말이 알아듣기 쉬우므로 원어민은 의미를 방해하지 않는 한 더는 사소한 실수를 지적해주지 않는다. 이렇게 하면 상대방의 피드백을 받을 거란 기대가 사라져서 자신이 그 언어를 완전히 정복한 수준에 올랐다고 생각하게 되지만 실상은 그렇지 않다. 이 단계에 이르면 언어 능력 향상이 둔화될뿐더러 오히려 퇴보해 앞서 제대로 구사하던 부분에서도 실수하게 된다.

언제, 어떻게 화석화가 진행되는지는 여러 가지 요인이 있으나 그 중 하나는 언어를 배우고자 하는 개인의 동기에서 찾을 수 있다. 어느 시점이 되면 스스로 해당 언어를 충분히 잘할 수 있다고 느끼고 더 많은 노력을 들여서 익혀야겠다는 생각이 들지 않는다. 여전히 배울 것은 많이 남아 있지만 소기의 목적은 이미 달성했으므로 자신을 더 몰아붙이지 않는 것이다.

게다가 개인의 중간 언어는 좀 더 미묘한 방식으로 화석화된다. 주변에 있는 사람들이 학습자의 언어 습관에 익숙해지므로 그들 역시 학습자가 말하는 방식대로 말해줄 것이다. 물론 그 말이 정확한 표현이 아니라는 것을 알고 있음에도 말이다. 이 부분에서 죄책감이 들 수도 있다. 원어민이 아닌 사람과 영어로 말할 때 자신의 실력이 더 줄어든 것을 느낀 적이 있는가? 놀랄 필요는 없다. 당신이 배우고자 하는 목표 언어를 구사하는 원어민도 당신과 대화를 나눌 때 그랬을 테니까. 이것이 한 사람의 중간 언어가 너무 이른 단계에서 사소한, 혹은 그렇게 사소하지는 않은 오류와 함께 화석화되는 이유일지도 모른다.

당신이 아는 것은 나도 안다

일반적으로 선생님은 학생의 자잘한 실수를 깨우쳐주려고 하지만, 그들도 학생의 말하기 방식에 익숙해진다. 그래서 당신의 억양, 익힌 단어, 가장 즐겨 쓰는 문법 체계, 대화 주제에 대해서 이미 알고 있다. 이 모든 것이 처음 만나는 원어민보다 직접 가르치는 선생님이 여러분을 더 잘 이해할 수 있다는 것을 말해준다.

FSI에서 외국어를 공부하는 외교관들 사이에서는 이 현상을 'FSI 말하기(FSI Speak)'라고 부른다. 마찬가지로 교실에서 친구와 선생님은 당신의 말을 잘 알아듣지만, 밖으로 나가면 그렇지 못한 경우를 경험해 보았을 것이다. 수업 시간에 할 수 있는 말과 실제 사회에서 할 수 있는 말 사이에 가끔 뚜렷한 구별이 존재하는 이유가 무엇일까? 해답은 인지과학자들이 공통분모(Common Ground)라고 부르는 것에서 찾을 수 있다.[10]

지속적으로 공통분모를 찾는 일은 외국어 학습에만 국한되지 않는다. 모든 사람이 대화를 나눌 때 개인적, 상황적 요인에 따라 상대와 공유할 수 있는 것과 그렇지 못한 것을 파악한다. 다시 말해, 누군가와 이야기를 나눌 때 상대가 아는 것과 알지 못하는 것이 무엇인지 고려한다는 말이다. 이제 당신이 배우는 언어지만 문화를 공유할 수 없는 사람과 이야기를 나눌 때 공통분모를 살피는 것에 얼마나 많은 문제가 있는지 생각해보자. 당연히 교실에서 친구와 선생님과 대화를 나눌 때가 택시 운전사를 상대할 때보다 더 유창할 것이다. 불행하게도 성인 언어 학습자는 간혹 유창함에 관한 이 같은 차이를 자신의 학습 능력이 부족하기 때문이라고 생각하거나 선생님이 실제 생활에서 원어민과 소통할 수 있도록 제대로 가르쳐 주지 못한 탓이라고 여긴다.

따라서 교실 밖에서 쓰는 외국어가 제대로 이해될 수 있도록 하려면 다른 사람이 당신과 공유할 수 있는 것이 무엇인지 생각해보고 빠진 정보를 채워서 이 공통분모를 확장하는 것이 한 가지 방법이다. 예를 들어, 외국어로 인사와 사교적인 말들을 건네면서 대화 상대로 하여금 당신의 억양에 익숙해질 기회를 준다. 또한, 상대에게 여러 가지 질문을 하면서 친근감을 높일 수도 있다. 모국어로는 이 같은 행위를 자연스럽게 할 수 있지만, 상대적으로 덜 친숙한 외국어로 소통할 때는 공통분모를 잃어버릴 염려가 더 크다는 사실을 잊지 말자. 게다가 이런 상황에서는 당신을 아는 사람과 이야기를 나누는 것이 낯선 사람과의 대화보다 좌절감을 줄일 수 있다는 사실도 인식해야 한다.

당신이 말하는 방식이 실제로 존재하지 않는 공통분모의 차이를 나타낼 수도 있다. 이런 부조화가 혼란, 상처받은 느낌, 오해 등을 불러일으 킨다. 필자 중 한 사람인 리처드가 FSI에서 프랑스어를 공부할 때 그는 업무에서 활용할 수 있는 2인칭 경칭 대명사인 vous에 대해 배웠다. 하지만, 니제르(Niger)에서 사귄 친구는 리처드가 격식을 차리는 vous를 비격식인 tu 대신 계속 써서 둘 사이에 벽이 있는 것처럼 느껴진다고 말했다. 그러나 리처드는 tu 대명사를 잘 알지 못해서 vous를 쓸 수밖에 없었다. 리처드는 직장에서는 vous를 써서 전문적인 느낌을 주었지만, 일상에서는 냉정하고 거리감을 주는 대화를 한다는 사실을 알지 못했다. FSI에서 그를 가르친 선생님이라면 리처드의 의도를 이해했겠지만, 그 외에 다른 사람들이 알 수 있을까? 상황을 수습하려고 리처드는 친구에게 자신이 오직 비즈니스용 프랑스어만 배웠다고 설명하며 공통분모를 공유했다. 그리고 난 뒤 tu 대명사를 익히려고 더욱 노력했다.

요약하자면, 한 언어를 완전히 정복하지 않는 한 부분적으로 유창할 수밖에 없다. 중간 언어가 화석화되는 것을 막으려면 특정한 수준에서 외국어 실력이 정체되더라도 현실과 타협하거나 좌절해서도 안 된다. 모국어를 쓰는 상황이라면 다른 사람과 공유할 수 있는 공통분모를 반영할 언어적 선택을 자신이 직접 할 수 있다는 점을 기억하자. 그러나 문제는 원어민은 당신이 목표 언어에서 선택할 수 있는 언어적 가능성 전체에서 선택한 것이라고 가정하지만 실제로 당신은 배우거나 그렇지 않은 것으로 제한된 상태에서 자신을 표현할 수밖에 없다는 점이다. 그래서 대화 상대는 당신이 무엇을 알지 못하는지 인식하지 못해 당신의 의도를 오해할 수 있다.

따라서 전반적인 유창함을 높이려면 최대한 다양한 맥락에서 가능한 한 많은 사람과 이야기를 나누어 보아야 한다. 또한, 대화 상대에게 당신이 틀릴 때면 지적하고 어떻게 고치면 되는지 알려달라고 부탁하는 것도 필요하다. 당신이 하는 말이 알아들을 수 있을 정도라면 그들은 무례하고 싶지 않아서 지적을 삼갈 테니 반드시 지적해달라고 말해야 한다. 게다가 선생님이나 다른 사람이 좋은 의도를 가지고 당신이 한 말이 그런 뜻이 아니라고 알려줄 때는 수천 번도 넘게 그렇게 말해왔었다고 해도 민감하게 굴 필요는 없다. 짜증은 나겠지만, 충고를 받아들이는 편이 중간 언어가 화석화되는 것을 막고 성공적인 대화에 필요한 공통분모를 채우는 데 도움을 준다.

4
.....
언어에서 문화가 왜 중요한가?

언어, 문화, 그리고 당신

이 책을 통해 우리는 성인 언어 학습자가 어린이 학습자보다 언어를 배울 때 더 많은 장점을 가지고 있으며 그중에서도 모국어를 학습 과정에 투영시키는 가장 중요한 능력을 보유하고 있다는 점을 반복적으로 피력해왔다. 언어의 사회적 활용을 살피는 학문인 화용론(話用論, Pragmatics)에서는 이 메타언어 능력이 다른 어느 분야보다 더 유용하고 두드러진다. 이 장에서는 인지과학자들이 어떻게 화용론을 연구했는지 살펴볼 것이다. 안타깝게도 이 주제는 전통 언어 학습 분야에서는 거의 무시되어왔다. 따라서 화용론이 외국어 학습에 어떻게 적용되는지 논의하기에 앞서 이에 관한 배경 정보부터 살펴보는 것이 우선이다. 그러려면 언어를 메타언어 수준에서 생각할 필요가 있다.

화용론은 언어의 사회적 활용을 살피기에 학문 그 자체로 메타언어적 자각을 쉽게 인식할 수 있다. 이와 대조적으로 한 개인이 언어의 음성 체계에 반영하는 메타언어 능력은 제한적이다. 어린이는 배우는 외국어의 음성 체계에 관해서 메타언어적으로 되짚어 사고할 수 있는 능력이 없다. 또한, 어린이는 소리를 듣는 것만으로 구별하고 나중에 생산해내는 능력이 있기 때문에 굳이 이런 능력을 갖출 필요가 없다. 성인 외국어 학습자가 모국어와 목표 언어의 음성 차이를 의식적으로 파악할 수 있다고 (또한, 반드시 그렇게 해야 한다고) 해도, 그것이 어른이 되어 어린 시절에 배우지 못한 소리를 구별하고 재생산해내는 데 겪는 어려움을 완전히 없애주지는 못한다. 다시 말해, 단순히 언어의 음성에 반응하는 것으로는 초기 노출의 장점을 뛰어넘지는 못한다는 뜻이다.

메타언어 능력은 단어와 문법 공부에서 더욱 효과적이다. 이 두 분야에 관한 연구를 살펴보면 어린이와 비교했을 때 성인 학습자가 특별히 더 불리하지는 않았다.[1] 성인 언어 학습자는 메타인지 능력이 효과를 발휘해 단어와 조합 방식을 쉽게 배우고 기억할 수 있다. 그러나 메타인지 능력이 외국어의 어휘나 문법을 배우는 것만큼 중요하므로 이 분야는 완성으로 가는 수단을 제공할 뿐이다. 실제로 메타인지 능력을 외국어 학습에 적용시키는 목표는 결국 이 기술에 대한 의존을 멈추는 것이다. 이 말은 곧 우리가 특정 언어, 어구 혹은 문법 표현을 익힌 다음에는 더는 해당 표현에 의식적으로 반응할 이유가 없다는 뜻이기도 하다. 지속적으로 반응한다면 오히려 역효과가 나서 의사소통의 흐름을 느리게 만들 것이다.

그러나 화용론은 성인 외국어 학습자가 목표 언어를 완성한 이후에도 메타언어 능력과 메타인지 능력의 장점을 꾸준히 활용할 수 있는 언어학의 한 부분이다. 자동으로 발음, 단어, 어구를 말할 수 있는 원어민이라 할지라도 말의 효과를 극대화하려면 의식적으로 이를 반영할 수 있어야 한다. 따라서 성인 학습자가 가장 잘할 수 있는 언어학 분야로 화용론을 특히 강조하는 것이다. 화용론을 이해하면 단순히 성인 학습자가 새로운 언어를 배우는 데 도움이 되는 수준을 넘어서 해당 언어 능력을 최대한으로 활용할 수 있게 도울 것이라 믿는다.

성공적으로 화용론을 활용하려면 목표 언어에 녹아있는 문화에 관해 깊이 있는 지식을 습득해야 한다. 그러므로 당연히 화용론적 능력에는 최고 수준의 언어 기량이 필요하다. 예를 들어, ILR 레벨 기준에 따르면 말하기 실력이 S4(고급 수준의 숙련도)정도 되어야 "담론을 잘 구성하고 기능적으로 수사법을 활용하며, 모국어의 문화를 토대로 삼아 이해할 수 있다."라고 기대한다. 게다가 S5(원어민 혹은 이중 언어

(Bilingual) 구사자의 숙련도) 레벨은 되어야 해당 언어를 "유연하고 직관적으로 다루어 어휘와 단어 구사 범위, 구어적 표현, 적절한 문화적 이해를 포함해 모든 수준에서 말하기가 교육을 잘 받은 원어민과 같다."[2]라고 생각한다.

ILR의 분류법에 반대하는 것은 아니다. 분명히 '모든 수준에서 교육을 잘 받은 원어민처럼 말을 할 수 있는 능력'이 없다는 것은 해당 언어 학습자가 S5 숙련도에 도달하지 못했다는 것을 의미한다. 다만, 우리가 걱정하는 것은 수사법의 사용과 같이 언어 유창함의 측면에서 중요한 화용론이 초급 성인 학습자가 극복하기에는 너무 높은 수준이기에 이 중요한 부분의 학습을 나중으로 미루어야 한다고 여기는 것이다. 이는 잘못된 생각이다. 성인 언어 학습자가 발음, 어휘, 문법을 제대로 쓸 수 있을 때까지 화용론을 연기하면 성인 언어 학습자가 새로운 언어의 풍부함과 정교함을 즐겁게 배울 기회를 빼앗는 셈이다. 또한, 화용론이 이 같은 언어능력을 강화시켜줄 기회를 잃는 것이기도 하다.

화용론이 외국어 학습 초창기부터 반드시 다루어져야 하는 이유에는 세 가지가 있다. 첫째, 화용론을 모든 기초 부분에 투영시키면 성인 학습자가 발음, 어휘, 문법을 더 잘할 기회가 생긴다. 둘째, 문화적으로 의존하기 때문에 화용론을 공부하면 학생들이 해당 문화를 더 잘 이해하고 결과적으로 더 효과적으로 목표 언어를 구사할 수 있게 된다. 마지막으로 화용론을 통해 학습자는 복잡한 의미를 자연스럽고 효과적으로 전달할 수 있으므로 더 효율적으로 언어를 배울 수 있다.

의사소통을 위한 상호 협력

배우는 언어의 종류와 관계없이 모든 구어와 문어 의사소통에 적용되는 공통적인 화용론 규칙이 있다. 바로 협력이다. 언어 철학자 폴 그라이스(Paul Grice)는 그의 저서 《협동 원리(Cooperative Principle)》에서 '대화에 꼭 필요한 협력의 가장 중요한 부분'을 다음과 같이 설명한 것으로 유명하다. "대화가 발생했을 때 목적이나 방향성에 걸맞도록 협력하며 대화해야 한다."[3] 이 이론에 의하면 대화가 성공하려면 참여한 사람들이 가능한 한 효과적이고 효율적으로 의사소통하려고 노력해야 한다. 그런데 대화 상대 중 한 사람이 해당 언어를 모국어로 구사하는 사람이 아니라면 어떻게 될까? 그라이스의 관점이 이 질문에 대한 답을 얻는 데 도움이 된다.

그라이스는 화자와 청자가 완전히 협력하려면 반드시 따라야 하는 '격언(Maxim)'이라고 부르는 몇 가지 규칙을 제안했다. 첫 번째 규칙은 양의 격언(Maxim of Quantity)이다. 이 격언은 말을 할 때 자신을 이해시키는 데 필요한 정보를 가감 없이 제공해야 한다고 설명한다. 정보가 너무 많거나 적으면 협력이 되지 않는다. 두 번째 규칙은 질의 격언(Maxim of Quality)으로, 진실만을 말해야 한다고 설명한다. 그러므로 진실을 말하지 않으면 협력하지 않는 것이다. 세 번째 규칙인 관련성의 격언(Maxim of Relation)은 말 그대로이다. 이 말은 곧 "모든 말이 연관성이 있어야 한다."라는 의미다. 그리고 마지막으로 그라이스가 농담하듯 정의한 네 번째 규칙인 방법의 격언(Maxim of Manner)은 모호한 표현을 피하고 분명하고 체계적으로 "명료하게 말해야 한다."라는 것이다.

불행히도 많은 정형화된 언어 학습 상황에서 이 네 가지 격언을 적용시키려면 교사와 학생 모두가 그렇게 따라야 한다. 정확하고 분명하고 직접적으로 연관성이 있도록 말이다. 그렇지만, 알다시피 자연스러운 언어생활에서는 이런 방식으로 말하는 경우는 일반적이라기보다는 예외에 더 가깝다. 사람들은 너무 많거나 혹은 너무 적게 말하고, 상관없는 이야기를 하거나 의도적으로 모호하게 돌려서 말하는 경우가 태반이다. 그라이스는 이 같은 행위를 '격언을 어기는 것'이라고 지칭했다. 중요한 사실은 격언 하나를 어긴다고 해서 두 모국어 화자가 나누는 대화가 자동으로 결렬되는 것은 아니라는 점이다. 대화가 그대로 유지될 수 있는 것은 협력하고 있다는 암묵적인 가정 덕분이다. 결과적으로 한 사람이 너무 많거나 적게 말하거나 혹은 진실이 아닌 내용을 모호하게 혹은 우회적으로 말한다고 할지라도 상대방에게 좌절을 주기보다는 청자는 그저 왜 화자가 그런 방식으로 말하기로 했는지 그 이유를 알아내려고 할 것이다.

일례로, "내 넥타이가 마음에 들어?"라는 질문에 대한 대답을 생각해보자. 협동 원리에 근거해서 보자면 "그래, 네 넥타이가 마음에 들어." 혹은 "아니, 마음에 들지 않아."라고 대답해야 한다. 이것이 언어를 배우는 전형적인 환경에서 예상할 수 있는 분명한 대답이다.

그렇지만, 이런 대답은 어떨까? "네 와이셔츠랑 잘 어울리기는 하네." 질문에 대한 직접적인 대답이 아니므로 전적으로 관련이 있는 반응이라고 볼 수 없다. 그러나 대화를 하는 두 당사자가 서로 협력하고 있다고 생각한다면 질문에 대한 직접적인 대답이 아니라고 할지라도 상대의 마음을 상하게 하지 않고 유머러스하게 대처한 것으로 보인다. 따라서 관련성의 격언을 위반함으로써 화자는 단순히 "예", "아니오"로 대답하는 것보다 더 많은 것을 표현할 수 있다. 그렇지만, 이런 식으로 대답하면 오해의 소지 또한 생긴다는 점도 알아두어야 한다.

이번에는 질의 격언을 위반한 예시를 살펴보자. 폭풍우가 치는 어느 날 당신은 거리에서 비에 흘딱 젖은 친구를 만났고 그 친구에게 이런 인사를 건넸다. "오늘 날씨 참 좋아." 분명히 이 말은 사실이 아니지만, 친구는 그 말에 웃어주거나 한탄하며 동의할 것이다. 이 사례의 경우, 친구는 당신을 거짓말쟁이라고 비난하지 않으며 당신이 나쁜 상황을 비꼰 농담을 했다고 생각한다. 다시 말해 화자는 날씨가 나쁘다는 표현뿐 아니라 위로와 웃음을 전하려고 한 것이다. 그럼에도, 빈정거리는 어투로 대답한다면 화자의 의도를 잘못 이해한 것이다.

대화를 나누는 상대가 더는 협조적이지 않다고 느낀 적이 있나? 그럴 수도 있다. 누군가 정신분열을 앓고 있다면 듣는 사람은 그 사람이 대화에 협력할 수 없다는 점을 알아차리고 화자가 하는 말이 더는 이성적으로 들리지 않을 것이다.[4] 아니면 법정에서 고의로 불리한 증언을 하러 나온 증인은 질문에 협조적이지 않기 때문에 이런 증인에게 질문하려면 다른 전술이 필요하다. 서로 일부러 무시하고 거짓말하고 오해하는 말을 하거나 혹은 상대를 이기고자 수단을 가리지 않으려는 두 상대 사이에서 대화의 협력은 토론의 부재를 불러 일으킬 수도 있다. 하지만, 이런 예가 상대적으로 드물다는 것은 대체로 대화의 협력이 잘 이루어진다는 사실을 말해준다.

불행하게도 대부분의 외국어 학습 환경은 학생들에게 목표 언어와 그 문화에 적절한 방식으로 대화의 격언을 무시하려면 어떻게 해야 하는지는 가르쳐주지 않는다. 이 말은 곧 외국어 학습자가 완전히 부자연스럽고 인공적으로 협력이 이루어진 대화 속에 갇히게 된다는 의미기도 하다. 아니면 학습자가 부적절한 방식으로 대화의 격언을 무시하려 할지도 모른다. 따라서 성인 외국어 학습자가 특정한 문화권에서 이런 격언을 벗어나는 법을 배우는 것이 그만큼 중요하다. 비모국어 화자가 대화의 격언을 무시하려고 할 때 오해를 받기도 하지만 두 사람이 대화에 협력하고 있다는 전제는 튼튼하므로 아주 큰 어려움이 없다면 대화는 충분히 흘러갈 수 있을 것이다. 다시 말해, 살짝 비협조적으로 나서는 것만으로도 얻을 것이 많다는 뜻이다.

오해를 부르는 말과 행동

　단순한 사실 이상을 전한다는 전제하에 모든 말과 글로 이루어진 의사소통은 반드시 세 가지 다른 언어 수준으로 분석되어야 한다. 이 세

가지를 함께 묶은 것이 언어철학자 J.L 오스틴(J.L Austin)이 1955년에 하버드에서 강연한 내용을 그의 사후에 모아 발간한 책인 《말과 행위(How to Do Things With Words)》의 내용이다. 이 내용이 화행이론(話行理論, Speech Act Theory)으로 알려진 화용론의 핵심을 이룬다.[5]

　　다음과 같은 상황을 살펴보자. 당신이 스타벅스에서 커피를 마시며 생각에 잠겨 있는데, 어떤 사람이 다가와 이렇게 물었다. "여기 자주 오세요?" 당신은 "Drop dead!"라고 대답한다. 의미를 따져보자면 "Drop dead!"라는 말은 갑자기 죽으라는 뜻이다. 이렇게 의미를 그대로 전달하는 말을 화행이론에서는 발화 행위(Locutionary Act)라고 부른다. 하지만, 이 상황에서 갑자기 죽으라는 의미 그대로 쓰이지 않았다. 당신은 그저 방해받고 싶지 않다고 말한 것이다. 따라서 당신이 한 말을 상황에 맞게 해석해보면 "죽어!"라는 의미가 아닌 "꺼져!"라는 의미가 된다.

　　상황에 맞게 이해하려면 듣는 사람이 문자 그대로의 의미에서 비유적인 의미를 이해하는 협력이 필요하다. 그리고 마침내 화행이론에서 발화 효과(Perlocutionary Effect)라고 부르는, 즉 어떤 말을 상대에게 함으로써 행동이나 마음 상태를 결정하는 결과가 나타난다. 그 사람이 그대로 가버리면 그 행동이 "꺼져!"라는 말의 발화 효과가 된 것이다. 만일 그 사람이 아무 일 없단 듯이 웃으며 당신 옆자리에 앉는다면 이 행동이 발화 효과가 되는 것이다.

　화행이론은 특정한 화용론을 토대로 한 특정한 발화 효과를 보장해 주지 않는다는 사실을 알아야 한다. 그 대신 화용론은 각각의 발언이 듣는 이로 하여금 한 말을 문맥 그대로 혹은 비유적으로 반영해서 그에 따른 결과를 보여준다는 점을 기억해야 한다. 일부 화용론은 이 세 가지 레벨이 아주 비슷하다. "하늘은 푸르다."와 같은 말은 사실을 그대로 전하고 비유적인 의미를 담고 있지 않아서 듣는 이의 동의 외에는 다른 어떤 효과도 도출하지 않는다. 하지만 "하늘이 푸른가요?"라고 질문했을 때 그 질문이 하늘의 색을 묻는 것이라도 분명한 것에 대해 조롱하는 수사법적 질문이거나 비유적으로 들릴 수 있다. 화행이론을 적절하게 사용해서 싸움이 아닌 긍정적인 반응을 얻길 바란다.

비유 언어

　그라이스의 협동 원리와 화행이론은 모두 화자와 청자가 의사소통을 할 때 어떤 선택을 하는지 보여준다. 그중 하나가 문맥 그대로 말을 하는 것이다. 불행히도 문자 언어만 의미를 잘 전달할 수 있는 관계로 문자가 아닌 언어, 비유 언어는 종종 전통적인 학습 환경에서 무시당하기 일쑤다. 비유 언어를 가르친다고 해도 수업에 흥미를 주는 부수적인 요소로만 치부되어 언어 학습에 필수적이거나 통합되는 요인으로 적용되지 못한다. 학생들이 발음, 단어, 문법을 익혀가는 과정에서 진지하게 비유 언어를 배워야 한다는 생각이 도출되기 전까지는 말이다. 그리고 이렇게 생각하는 데는 어떤 논리가 작용한다. 언어적으로 무엇이 더 중요할까? 파이 한 조각이 맛있다고 말하는 것일까, 아니면 천국을 살짝 맛본 것 같다고 말하는 것일까? 비유 언어를 익히기 전에 문자 언어를 습득해야 한다는 편협한 시각은 비유적인 화법이 직설화법과 마찬가지로 언어의 기본이 된다는 언어 화용론 분야의 연구를 무시한 처사다.[6]

문자 언어가 비유 언어보다 모호함이 덜하다고 생각하기 때문에 전통적인 언어 학습 환경에서는 문자 언어를 왜곡하는 예도 생긴다. 예를 들어, "더워."라고 말하는 편이 "녹아내리고 있어."(당신이 서쪽의 사악한 마녀라서 실제로 그렇게 말하는 경우가 아니라면)라고 말하는 것보다 더 분명하다. 이런 면에서 비유 언어를 쓰는 개인은 분명한 문자 언어를 쓰는 사람보다 오해를 받을 소지가 더욱 커진다. 그러나 앞서 언급한 것처럼 대화의 참가자들이 최대한 자신을 분명하게 표현하려고 노력한다는 그라이스의 말이 사실이라면 잠재적으로 모호한 비유 언어를 적게 쓰려고 할 것이다. 그러나 문제는 이것이 아니다. 비유법을 쓰지 않는 언어는 상상하기조차 어렵다. 비유와 관련한 기본 예시로 산스크리트어로 '숨 쉬다(to breathe)'와 같은 어원인 영어 동사 '되다(to be)'가 있다.[7] 이것이 기본이다.

비유 언어는 아주 보편적이므로 잠재적으로 모호해질 위험이 있지만, 문자 언어가 성취하지 못하는 대화 목표를 이룰 수 있다. 쉽게 말해, 비유 언어를 쓴 사람은 자신의 의견이 잘못 전달될 위험을 안고 있지만, 그 위험을 무릅쓸 만큼의 상당한 혜택을 얻을 수 있다. 왜냐하면, 특정한 비유법과 목표는 언어에 따라 성취에 차이가 나며 이 문제를 목표 언어에서 살피는 것은 전적으로 학습자의 몫이기 때문이다. 이 개념을 이해하기 위해 영어의 비유 언어 예를 좀 더 살펴보자.

얼마나 많고 다채로운 비유법이 존재하는지는 정확하게 알려지지 않았지만 대략 수백 가지로 추산된다. 인지과학자들은 보편적인 비유법에 대해 연구했는데, 과장, 절제, 역설, 은유, 직유, 관용구, 간접 요청, 수사의문문 등이 여기에 속한다. 이 여덟 가지 화법은 전 세계 언어에서 골고루 발견되지만, 그 용법은 같은 언어를 쓰는 화자라 할지라도 문화권별로 차이가 난다. 예를 들어, 오랫동안 미국인들은 과장하는 법을 즐

서론, 외국어를 다시 시작하다

겼지만, 영국인들은 절제하려고 노력했다. 엘리자베스 2세 여왕은 자신의 인생에서 특히 힘든 한해를 이렇게 표현했다. "1992년은 제게 있는 그대로 즐겁게 회상할 수 있는 해가 아닙니다."[8] 마찬가지로 일부 문화권에서는 간접적인 표현(한국과 일본 등)을 가치있게 여기지만 다른 문화권에서는 직접적인 표현(미국 등)을 선호한다. 알다시피 비유 언어는 스위스 군용칼처럼 무엇을 꺼내는지에 따라 달라지는 의사소통이라 할 수 있다.

〈사람들은 왜 비유 언어를 사용하는가?〉라는 제목의 논문에서 우리는 영어 사용자가 각기 다른 비유법을 쓰는 여러 가지 이유를 설명했다(다음 페이지 **표 4-1** 참고). 이 표는 비유 언어를 쓰는 사람이 거의 쓰지 않는 사람보다 말로 더 많은 것을 이룩할 수 있다는 점을 보여준다.

표 4-1 대화 목표 분류

대화 목표	과장	절제	역설	은유	직유	관용구	간접요청	수사의문문
관습적으로						●		
유창하게				●				
유머감각 있게	●		●		●	●		
자신을 보호하려고							●	
유사성을 비교하려고				●	●			
강조하려고	●		●					
덜 강조하려고		●						
흥미를 더하려고	●			●				
생각을 일깨우려고				●	●			
분명하게 밝히려고	●		●	●	●	●		●
예의를 차리려고							●	
부정적인 감정을 드러내려고		●	●					●
타인의 행동을 이끌어내려고							●	
대화를 관리하고자								●

비록 영어에 국한된 데이터이지만, 중요한 점은 어떤 언어를 배우든지 간에 처음부터 비유 언어에 대해 익히는 것이 꼭 필요하다는 사실이다. 비록 문자 그대로의 표현을 익히는 것도 중요하지만, 비유 언어를 사용하지 않으면 학습자의 화법은 지나치게 부자연스러워진다. 해당 언어의 모국어 화자가 아닌 사람은 처음에 모국어에서 사용하는 것처럼 비유 언어를 활용하려고 노력한다. 정도는 다를 수 있지만, 비유 언어를 처음부터 활용하려고 시도하면 목표 언어의 사회적 활용에서 전문성을 구축할 수 있어 더 자연스럽게 소통하고 그 지식을 하향식 처리로 활용해 해당 언어에 대해 더 자세히 배울 수 있다.

외국어 학습과 곧바로 결합할 수 있는 비유법으로는 무성의한 질문으로 여겨지는 수사의문문이 있다. 예를 들어, 한 어머니가 아이를 꾸짖으면서 하는 "엄마가 몇 번이나 얘기했니?"라는 말은 실제로 대답을 들으려고 질문한 것이 아니다. 사실 이 질문에 대답하려고 하면 엄마를 더욱 화나게 하는 발화 효과만 일으킬 것이다.

여러 언어에서 "예"와 "아니오"의 억양이 수사의문문을 재빨리 바꾸어 놓을 수 있다. 영어에서는 이것이 사실이다. 그렇지 않은가? 물론 이런 종류의 수사의문문은 대부분의 외국어 학습 환경에서 쉽게 가르치고 익힐 수 있다. 분명한 문장에 수사의문문을 추가하면 두 가지 목표를 한 번에 이룰 수 있다. 자신의 의견을 말하면서 동의도 구하는 것이다. 한국어에서 수사의문문을 만드는 방법의 하나는 서술어와 형용사의 어미에 '~죠'를 붙이는 것이다. 영어를 모국어로 쓰는 학습자가 한국어를 배울 때 아름답거나 흥미롭거나 혹은 정교한 무언가에 대해서 말하는 법을 익히면서 '~죠'를 사용해 그냥 말하는 것보다 더 자연스러운 문장을 만들려고 한다("It's hot."과 "It's hot, don't you think?"의 차이). 그래서 한국어를 배우는 학생들은 원어민은 전혀 생각하지 못하는 곳에 새로 배운 말을 갖다 붙이기 일쑤다.

또 다른 수사법인 관용구에 대해 살펴보자. 관용구는 '고착된' 비유법으로 여겨진다. 그 말은 곧 시간이 흐르면서 더 많은 비유법이 사용될수록 변화할 확률이 줄어든다는 뜻이다. 물론 처음 누군가가 영어를 배울 때 '죽다'를 뜻하는 '양동이를 걷어차다(kick the bucket)'와 같은 관용구를 보면 신기할 것이다.⁹ 그러나 영어를 배우는 학생이 그 관용구가 '고착된' 것이라 여기지 않아 실수로 '캔을 걷어차다(kick the can)'를 '죽다'로 쓴다면 아무도 그가 한 말을 이해하지 못할 것이다. '죽다'라는 관용구를 배우는 과정에는 언제 어떤 상황에서 그 말을 써야 하는지 배우는 것도 포함된다는 점에 주목해야 한다. 사랑하는 친척의 죽음보다는 혐오하는 독재자를 대상으로 이 어구를 쓰는 편이 더 적절하다.

앞서 살펴본 것처럼 단순 암기가 성인 외국어 학습자의 장점은 아니지만, 관용구는 노력해서 얻을 충분한 가치가 있다. 관용구가 다양한 상황에서 사용하는 관계로 시간을 들여 익혀두면 분명히 큰 도움이 될 것이다. 예를 들어, "우리는 한배를 탔어요."와 같은 문구는 아주 많은 상황에서 쓸 수 있어서 그저 "동의해요."라고 말하는 것보다 훨씬 더 흥미로운 언어적 결과물을 만들어준다.

게다가 관용구를 알면 문화적인 통찰을 얻을 수 있다. 영어에서 '하늘의 파이(pie in the sky)'라는 표현을 한국어로는 '그림의 떡'이라고 쓴다. 한국어를 배우는 학생은 떡이라는 단어를 일찍 배우기 때문에 이 관용구는 외우기 매우 쉽다. 그림이라는 단어 역시 기본적인 어휘다. 그래서 앞서 배운 두 단어를 하나의 관용구로 만드는 작업은 굳이 의식적으로 노력할 필요가 없어서 학습 과정에서 상당히 빨리 끝난다. 이 관용구를 나중에 배우려고 미루어 두는 것은 학생이 쉽게 숙련도를 높이고 문화적 자각을 보여줄 기회를 빼앗는 것과 같다.

성인 외국어 학습자가 힘들어하는 부분은 어른처럼 말하기까지 상당히 오랜 시간이 걸린다는 점이다. 성인 외국어 학습자는 자신이 세 살배기, 혹은 더 어린 아이처럼 말하는 사실에 애통해하고 세 살짜리 원어민의 유창함을 질투한다. 외국어 학습자의 '비유적 지능'을 높이면 더욱 효과적으로 의사소통을 할 수 있으며 또한 발음, 단어, 문법 체계를 자연스럽고 고상하게 강화하고 언어를 사용하는 데 꼭 필요한 문화적인 규범을 강조할 수 있다.[10] 또한, 어른처럼 멋지게 말할 수 있다.

외국어 좀비가 되지 말자

언어가 문화와 소통하는 방식을 모두 다루는 것은 이 책의 범주에서 벗어나는 일이지만, 언어의 사회적 활용은 단순한 목표 성취 그 이상이라 꼭 필요하다. 그 속에는 대인관계를 유지하는 수단으로서 언어 활용도 속해있다.[11] 이 점을 무시한다면 세상의 모든 난해한 단어와 정교한 문법들을 안다고 할지라도 말을 할 때 심각한 실수를 막아주지는 못한다.

예를 들어, 많은 다른 문화권 사람들과는 달리 미국인은 침묵을 불편해한다. 그들은 침묵을 싫어하기 때문에 그 조용함을 메우려고 말을 한다. 그래서 엘리베이터 안에서도 처음 본 사람들과 이야기를 하는 것이다. 마트에서 줄을 서 있을 때도 사람들과 이야기를 나눈다. 식료품 코너 점원과도 이야기를 나눈다. 비행기 옆자리에 앉은 사람과도 이야기를 나눈다. 심지어 아주 일상적인 소통을 한 뒤에도 꼭 마무리로 "좋은 하루 보내세요.(Have a nice day!)"라고 말해야 직성이 풀린다.

그래서 미국에는 이런 식의 대화를 지칭하는 말이 있다. '의미 없는 대화', '쓸데없는 잡담', '한가로운 수다' 혹은 '시간 보내기' 등이 그것이다. 그리고 이 모든 공허한 대화는 상대가 그 목적을 아는 한 괜찮은 것으로 여겨진다.

하지만, 미국인들은 자신이 그저 침묵에서 벗어나려고 하는 공허한 말이 외국인들에게 무의미한 것으로 여겨지지 않는다는 사실을 알지 못한다. 낯선 땅에서 처음 본 사람과 사교적인 인사를 주고받은 것은 진기한 경험으로, 철저하게 미국식으로 여겨진다. 그래서 외국인은 미국인을 무례하거나 과도하게 들이대거나 거짓말을 하는 사람이라고 생각한다. 미국과 달리 여러 문화권에서는 내용이나 길이와 상관없이 상대와 이야기를 나누는 것은 친밀함을 구축하거나 가까워지고자 하는 노력이기 때문이다.

예를 들어, 뉴욕에서 샌프란시스코로 향하는 비행기에 미국인 두 사람이 나란히 앉아 다섯 시간 동안 정신과 의사에게도 털어놓지 않은 비밀을 서로 공유했다고 치자. 하지만, 비행기가 샌프란시스코에 도착해서 내릴 때까지도 두 사람은 서로의 이름조차 모를 것이다. 둘 다 미국인이라 서로 다시는 보지 않을 상대라는 사실이 자연스럽고 이상적이기까지 하다.

하지만, 미국인 옆 자리에 외국인이 앉아 있고 비행하는 내내 그 사람과 즐겁게 이야기를 나누었다면 비행기가 착륙할 때쯤 외국인은 두 사람이 언제 또 만날 수 있을지 알고 싶을 것이다. 미국인에게는 그저 한가한 수다처럼 느껴졌던 대화가 외국인에게는 진지하게 친해지고 싶은 마음으로 여겨지기 때문이다. 그리고 미국인이 그 관계를 유지하고 싶어하지 않는다면 그 사람은 가볍거나 거짓말쟁이가 된다. 하지만, 처음 비행기를 탔을 때 외국인이 미국인의 가벼운 대화 제의에 응하지 않았다면 오히려 무례하고 차갑고 쌀쌀맞게 보였을 것이다.

이 예에서 알 수 있듯 한 문화권에 익숙한 대인관계 능력은 다른 문화권으로 곧장 투영될 수 없다. 항상 어느 정도 수정이 필요하다. 언어 활용에 영향을 미치는 문화적인 차이에 대해 생각할 수 있는 편리한 방법은 해당 문화가 고맥락 문화(High-context Culture)인지 저맥락 문화(Low-context Culture)인지 생각하는 것이다.[12]

고맥락 문화권에는 한국, 중국, 일본이 속한다. 화용론 관점에서 보자면 고맥락 문화권 출신의 개인은 많은 것을 말하지 않은 상태로 남겨두는데, 사실상 모든 화자가 같은 문화적 맥락을 공유하기 때문이다.[13] 다시 말해 고맥락 문화권의 화자들 사이에는 겹치는 공통분모가 아주 많은 관계로 분명한 것을 지적하는 일은 불필요하고, 터무니없고 무례하게 여겨진다. 따라서 고맥락 문화권의 화자는 말을 적게 해서 침묵을 통해 의미를 전달한다. 이런 화법은 언어 환경에서 '내 집단(in group)'과 '외 집단(out group)'의 대결 양상을 구축한다. 실제로 한국어, 중국어, 일본어로 외국인이란 '자국 밖에서 온 사람'을 지칭한다.

반면에 독일, 노르웨이, 미국과 같은 저맥락 문화권의 개인은 같은 언어권의 다른 화자와 공통분모가 거의 없다. 그래서 배경 정보를 드러내야 한다. 흥미롭게도 오락가락하는 언어를 유기적이라고 여기지 않는 이유는 정신분열을 앓는 사람이 종종 자신과 대화 상대 사이에 공유하는 공통분모를 고려하는 데 실패한 것과 같은 논리다. 이런 언어는 일반적으로 정신분열을 앓는 사람과 대화 상대자가 더 많은 시간을 함께 보낼수록 두 사람의 공통분모가 커져서 더욱 상대를 이해하기 쉬워지는[14] 이치와도 같다.

고맥락 혹은 저맥락으로 설명된 문화라고 해서 그 속의 모든 사람이 그렇게 표현될 수는 없으므로 우리는 광범위하고 일반적인 관점에서 이야기한다. 그럼에도, 저맥락 혹은 상대적으로 저맥락인 문화권 출신인 성인 언어 학습자가 고맥락 문화권으로 갈 경우 자신이 대인관계를 맺던 방식을 반드시 바꾸어야 한다. 상당한 배경 정보가 내포되어 있음을 미리 파악하고 자신의 언어 사용 방식을 통해 외부에서 왔다는 점을 드러내며 너무 많은 것을 묻거나 깊이 파고들면 무례한 사람으로 여겨질 수 있다는 사실을 명심해야 한다. 고맥락에서 또 다른 고맥락 문화권으로 옮겨가는 경우라고 해도 태도를 바꿀 필요가 있다. 중요한 맥락적 단서가 말로서 전해지지 않는 것은 두 고맥락 문화권 사이에서 차이가 날 수 있기 때문이다. 어쩌면 한 저맥락 문화권에서 다른 저맥락 문화권으로 옮겨가는 경우가 화용론적 변화가 적게 필요한 유일한 경우일 수 있다. 이럴 때는 두 언어적 환경이 양쪽 모두에서 드러나야 하는 배경 정보의 공개 정도가 서로 균형을 이룬다고 볼 수 있다.

물론 새로운 문화에 적응하는 것은 개인마다 차이가 있다. 한 개인의 성격에 맞게 문화적인 맥락을 추구하려고 하는 것이 변화의 정도를 높이는 한 방법이 될 것이다. 목표 문화권에서 요구하는 개인의 유형에 맞는 성격을 지닌 국외 거주자라면 그렇지 않은 개인보다 적응이 더 잘 될 것이다. 평균적으로 보자면 터키에 사는 사람들이 일본 사람들보다 더 외향적이다.[15] 이 말은 곧 내향적인 성품이 터키가 아닌 일본에서 사는 데 더 도움이 된다는 것을 의미할 수도 있다.

이 점이 새로운 언어를 배우는 데 어떻게 작용할까? 이상하게 들릴 수 있겠지만, 목표 언어를 말하는 것은 곧 다른 사람이 당신을 들여다볼 렌즈를 만들어 내는 것과 같다. 다시 말해, 다른 사람들은 '당신'과 '당신이 말하는 외국어'를 따로 분리해서 생각할 수 없다. 유명한 마크 트웨인조차도 독일에 갔을 때 독일어를 하는 자신의 또 다른 자아를 만들어 냈다는 사실을 알아차리고는 그 점을 수필《엉망인 내 독일어 실력(The Awful German Language)》에서 코믹하게 풀었다.

따라서 당신의 목표는 자신과 목표 언어와 문화 사이에 관계를 구축할 수 있도록 언어의 유창함을 기르는 것이어야 한다.[16] 목표는 원어민을 따라 하는 것이 아니라 목표 문화와는 별도로 자신의 정체성을 유지하면서 자신을 가장 잘 드러낼 수 있는 정도로 해당 언어를 구사하는 데 두어야 한다. 그렇지 못하면 다른 사람의 눈에는 그저 원어민처럼 되려고 하는 모습으로 비쳐 잘돼야 조롱거리고 못되면 적대감을 얻을 뿐이다. 해당 언어를 사용할 때 문화적으로 적응해야 하는 부분에서 모든 책임은 당신에게 있다. 다시 설명하자면 외국어 학습자는 원어민의 화용론적 선택을 그대로 따라 하기보다는 자신이 속한 문화의 맥락과 일치하는 화용론적 선택을 해야 한다는 뜻이다. 원어민의 화용론적 언어 활용을 그대로 따라 했다가 소외감을 느낄 가능성이 충분히 있다.

비슷한 맥락에서, 인공지능을 연구하는 인지과학자들은 로봇이 인간의 겉모습과 너무 비슷하면 사람들이 불안함을 느낀다는 사실을 밝혀 냈다. 이 현상은 '불쾌한 골짜기(Uncanny Valley)'라고 불리며, 로봇의 겉모습을 본 사람들의 감정적인 반응을 그래프로 표시해보니 인간과 완전히 같지는 않아도 닮을수록 심리적인 불편함을 느낀다는 사실에서 붙여진 이름이다.[17] 그래프 속 골짜기는 사람들이 시체나 좀비를 보았을 때 느끼는 혐오감과 비슷한 수준이다. 그러므로 화용론적으로 목표를 달성하려면 원어민을 모방하려고 생각해서는 안 된다. 언어 좀비로 불리고 싶은 생각이 없다면 말이다.

지금까지 살펴본 예를 통해 성인 학습자의 뛰어난 메타화용론적 기술이 불규칙 동사원형을 제대로 외우거나 잘 모르는 어휘를 기억하는 일보다 더 중요하다는 사실을 깨우쳤길 바란다. 또한, 새로운 언어와 문화를 배우는 데 있어서 지금껏 살아오면서 얻은 대인관계 기술을 써먹지 않는 실수를 하지 않기를 바란다.

5

언어와 지각

속도와 정확성 중 무엇이 더 중요할까?

미국 퀴즈쇼 〈제퍼디!(Jeopardy!)〉의 장수 진행자였던 알렉스 트레벡(Alex Trebek)이 자신의 프로그램에 출연한다면 이는 공평한 일일까? 1940년생인 트레벡에게 이 질문을 했더니 그는 자신이 많은 정답을 알고 있지만, 버저를 누르는 손이 너무 느려서 젊은 경쟁자들을 상대할 수 없을 거라며 상식선에서 대답을 해주었다.

트레벡의 뛰어난 통찰력은 젊거나 나이 든 성인이 여러 가지 업무를 수행하는 데 있어서 중요한 방법을 알려준다. 어린이나 청소년은 매사에 상당히 빠르게 반응을 보인다. 성인은 그보다는 조금 느리게 반응하지만 청소년이 지니지 못한 폭넓은 세상 경험이 있다.

이 주제에 대해 연구한 인지과학자들은 성인의 정확성과 속도에 대한 일반적인 직관에 동의한다. 티모시 솔트하우스(Timothy Salthouse)는 나이가 들수록 성인의 반응 시간이 느려지는 것은 인지 체계의 정보처리 속도가 줄어드는 것과 관련이 있다고 주장했다.[1] 이 같은 감소는 여러 가지 방식으로 나타나며 중년과 노년기에는 한층 '설단 현상'(Tip of the Tongue, 특정 정보를 알고 있다고 느끼지만, 그 즉시 특정 정보를 인출할 수 없는 상태 - 옮긴이)이 강하다. 이 부분에 대해서는 8장에서 자세히 살펴볼 것이다.

성인이 겪는 느린 반응은 성인 외국어 학습자에게 여러 가지로 중요하게 적용될 수 있는데, 수업시간이나 원어민과의 소통에서 더욱 그러하다. 외국어 수업에서는 종종 신호 반응(Cued Response) 기법을 이용한다. 신호 반응이란 선생님이 한 학생을 지적한 다음 그 학생이 적절한 반응을 보이도록 유도하는 행위를 말한다. 학생의 주의를 끌 수 있다는 점에서 효과적이며 빠르고 역동적으로 사용하면 수업에 훨씬 능동적으로 참여할 수 있게 해준다. 그러나 공부에서 손을 놓은 지 한참 지난 성인이 다시 공부를 하려고 할 때에는 비교적 젊은 반 친구들처럼 즉각적으로 반응하는 모습을 보이기 어렵다는 것을 알게 된다. 그래서 최대한 노력은 하겠지만, 그들처럼 재빨리 반응하지 못할 수도 있다.

마찬가지로 원어민과 대화를 나눌 때마다 아주 짧은 멈춤 시간이 있다. 일반적으로 그 간격은 몇십 분의 일 초 정도다. 이처럼 짧은 시간에 머릿속에서 인지 프로세스가 진행된다는 사실이 놀랍다. 상대가 한 말을 종합적으로 이해하고 그에 맞는 답변을 만들고 적절한 어휘를 발견하는 일을 해내는 것이다. 그러나 이 모든 과정이 원어민이 아닌 서툰 외국인 화자에게는 좀 더 느리게 진행된다. 그래서 언어를 배우는 학생이 말을 할 때 짧은 멈춤 시간이 생기고 이는 곧 원어민인 상대방에게 머뭇거리거나 비협조적 성향, 즉 사회에 적응하지 못하는 소극적인 사람으로 보일 수 있다.[2]

그렇다면 상대적으로 반응이 느린 외국어 화자는 어떻게 해야 할까? 가장 좋은 조언은 자신을 너무 몰아붙이지 말라는 것이다. 대답을 하기까지 시간이 걸릴 것이므로 스스로 대답할 시간을 주어야 한다. 물론 대화를 나누는 상대방이 그렇게 협조적이지 않을 수도 있으니 이런 상황에서는 상대가 끼어들거나 최악에는 모국어로 말을 하는 상태가 되지 않도록 해당 외국어의 유용한 어구를 외워두는 것이 좋다. 영어를 예로 들면, "Let me see."나 "Hold on." 혹은 "Just a moment." 등이 있다. 이런 문구는 어색한 공백을 메워주므로 언어학자들은 말로 멈춘 시간을 메웠다고(Filled Pause) 하며 대화 상대가 갑자기 모든 상황을 장악해버리는 것을 막아준다.[3] 다시 한 번 강조하는데, 대화의 기본 규칙을 이해하는 성인이라면 이 지식을 활용해 느린 이해와 반응이 주는 영향을 최소화할 수 있다.

외국어를 배우면 치매를 예방할 수 있을까?

외국어를 배우면 치매를 예방하거나 적어도 발병을 늦춰준다는 이야기를 들어본 적이 있을 것이다. 치매는 인지 능력 상실과 관계된 병으로, 알츠하이머병이 가장 일반적인 형태다. 현재로서는 알츠하이머병의 원인이 명확히 밝혀진 상태가 아니라 이 질병에 걸리지 않도록 예방하는 입증된 방법이 없다. 그럼에도, 일부 학자들은 외국어를 배우면 치매 발병을 늦출 수 있다고 주장한다.

그 가능성을 좀 더 자세히 살펴보고자 치매와 뇌 노화에 대한 흔한 오해부터 짚고 넘어가자. 우선, 치매는 일반적인 노화 과정에서 반드시 일어나는 것은 아니다. 노년층 대부분은 알츠하이머병이나 파킨슨병 치매와 같은 질병에 걸리지 않는다. 치매가 일반적인 건망증과 같은 것이 아니라는 점도 꼭 알아야 한다. 어느 연령대에서든 말하고 싶은 단어나 만났던 사람의 이름이 곧장 떠오르지 않아 애를 먹은 기억이 있을 것이다. 치매에 걸린 사람은 이보다 더 심각한 문제를 겪으며 익숙한 환경에서도 혼란스럽거나 망각하는 기분을 느낀다. 이렇게 생각해보자. 백화점에서 차를 어디에 주차해두었는지 떠오르지 않는다면 이것은 정상이다. 그러나 차를 운전하는 법을 잊어버렸다면 이는 좀 더 심각한 문제가 진행되고 있다는 신호다.

치매를 예방할 수 있다는 주장은 뇌를 근육에 빗대어 생각하기 때문에 나온 것이다. 뇌에 대해 이야기할 때 사람들은 간혹 이런 식으로 말을 한다. "뇌 운동을 시켜주는 것이 중요해." 혹은 "맑은 정신을 유지하려면 뇌를 많이 움직여야 해." 흔히들 비유로 이렇게 말하지만, 실제 뇌는 근육이 아니다. 근육과 달리 뇌는 사람이 휴식을 취하거나 자는 와중에도 언제나 활동하고 있다. 게다가 일부 근육 세포의 수명이 며칠에 지나지 않는 것과는 달리 뇌 세포는 평생 간다. 그뿐만이 아니라 사람은 평생 새로운 뇌 세포를 만들어낸다는 사실도 연구를 통해 입증되었다.

뇌가 근육이 아니라고 해도 여전히 운동이 필요할까? 학자들은 이 부분에 대해 확신하지 못하고 있다. '당신의 뇌를 훈련해줄' 수많은 컴퓨터, 인터넷, 휴대전화 애플리케이션이 나와 있고 이들은 다양한 인지 능력을 활용하게 해준다. 그러나 연구자들은 이런 종류의 훈련이 해당 목표를 수행하는 능력을 발전시켜줄 수 있지만 다른 능력까지 높여줄 수는 없다고 말한다.[4] 다시 말해, 단어 찾기 훈련을 하면 시간이 지나면서 단어를 찾는 기술은 발달하겠지만, 지각 능력 강화로 이어지는 것은 아니라는 말이다. 예컨대 십자말풀이를 잘하게 되면 더 나은 십자말풀이 선수가 될 뿐이라는 뜻이다.

외국어 학습이 인지 능력에 좋은 영향을 미친다는 최고의 증거는 이미 이중 언어를 사용하는 사람들을 대상으로 한 연구에서 비롯되었다.[5] 이중 언어자(Bilingual person)란 두 개의 언어를 유창하게 구사하는 사람을 지칭한다. (3개국어를 아는 사람은 삼중 언어자(Trilingual)라고 지칭하지만, 대체로 3개 국어 이상을 하는 사람을 다중 언어자(Multilingual)라고 부른다). 어린이가 가정(어머니가 독일어를 쓰고 아버지가 스페인어를 쓰는 환경)이나 어린 시절 학습을 통해 두 개의 언어에 노출되었을 때 주로 이중 언어자가 된다. 하지만, 이중 언어 구사는 성인기에도 분명히 발생할 수 있다.

이중 언어와 다중 언어 구사는 우리가 생각하는 것보다 훨씬 더 보편적으로 일어난다. 사실 2개 국어 이상을 하는 사람보다 단일 언어 구사자의 수가 훨씬 적다는 통계가 있다.[6] 비록 여러 국가가 단일어를 쓰지만(독일, 일본 등) 공식 언어가 여러 개인 국가도 많다. 스위스는 뉴욕시와 인구 수(약 800만 명)가 거의 같은데 독일어, 프랑스어, 이탈리아어, 로망슈어(Romansh)를 공식 언어로 사용한다. 아프리카의 다수 지역에서 집안에서는 토착 언어를 쓰는 사람들이 시장에서는 아랍어, 스와힐리어, 프랑스어, 영어를 쓰는 모습을 종종 볼 수 있다. 따라서 이중 언어나 다중 언어 구사는 전 세계적으로 널리 분포한다. 그리고 인지 능력과 관련한 연구 결과는 언어를 둘 이상 구사하는 사람들이 더 낫다는 것을 보여준다.

한 가지 분명한 것은 이중 언어자가 단일 언어자보다 선택적 주의력(Selective Attention)과 다중 작업에서 더 강세를 보인다는 점이다. 선택적 주의력은 다른 색으로 쓴 색상 이름을 보고 말하는 '스트룹 검사(Stroop Test)'를 통해서 측정할 수 있다. 이 검사는 단어 자체를 말하는 것이 아니라 목록에 적힌 단어의 색상을 말하는 검사다. ('스트룹 검사' 혹은 '스트룹 효과'로 검색해보면 직접 검사를 해볼 수 있다.) 사람은 자동으로 글을 읽기 때문에 '파란색'이라고 적힌 단어를 무시하고 그 단어의 색인 녹색을 말하기란 쉽지 않다. 그런데 이중 언어자는 스트룹 검사와 다른 선택적 주의력 검사에서 더 나은 성과를 보였다.[7]

그들은 또한 한 번에 두 가지 이상의 일을 하는 다중 작업에서도 우위를 나타냈다. 휴대전화로 통화하면서 복잡한 인도에서 행인과 부딪히지 않으려고 하는 것이 바로 다중 작업이다. 이중 언어자가 지속적으로 한 언어를 억제하고 이 억제 과정이 다른 활동에서 일반적인 인지적 장점으로 기능을 하는 것이 그 우월함을 설명해주는 예시라고 할 수 있다. 실제로 이중 언어자는 개념을 형성하는 과제, 복잡한 지침 수행, 새로운 지시사항을 따르는 행위 등과 같은 다양한 인지측정 활동에서 단일 언어자를 능가했다. 그러나 완전성의 측면에서 보자면 이중 언어 구사의 장점이 모든 인지 분야에서 보편적인 것은 아니라는 점을 알아야 한다. 이중 언어 구사자는 단일 언어 구사자와 비교했을 때 어휘 구사의 폭이 좁고 단어를 기억해내는 데도 시간이 오래 걸렸다. 그럼에도, 장기적으로 보자면 이중 언어자가 지닌 인지와 언어적 장점은 이러한 문제점을 충분히 상쇄하고 남는다고 볼 수 있다.[8]

이중 언어 구사의 장점이 다른 인지 측면에도 영향을 미친다면 이중 언어 구사자의 알츠하이머병 발병 확률이 단일 언어 구사자보다 훨씬 낮거나 적어도 발병 나이가 늦을 것이라고 예상하게 된다. 실제로 이 주장을 뒷받침하는 증거가 있다. 엘렌 비알리스토크(Ellen Bialystok)와 동료 연구진은 토론토의 기억 치료소에서 184명의 자료를 살펴보았다. 치매 징후를 보이는 사람 중 단일 언어자의 평균 발병 나이는 71.4세였다. 반면 이중 언어자의 발병 나이는 평균 75.5세로 더 높았다. 이런 분야의 연구에서 4년이라는 기간 차는 아주 큰 것이며 두 집단을 다른 체계적 차이로는 설명할 수 없다. 예를 들어, 단일 언어자는 이중 언어자에 비해 1.4년 정도 학습 기간이 더 길므로 정규 교육 기간의 차이가 원인이 아니라는 것이 분명하다.[9]

인도에서 실행된 다른 연구에서도 상당히 유사한 결과가 나왔다. 성별이나 직업과 같은 다른 요인을 고려하더라도 이중 언어자의 치매 발병 나이가 단일 언어자보다 4.5년 더 늦은 것으로 나타났다. 게다가 연구자들은 이중 언어 구사 능력이 후에 인지 능력에 미치는 긍정적인 효과에 대해 보고했으며 이는 성인이 된 이후에 언어를 습득한 개인의 경우에도 마찬가지였다. 여기서 중요한 사항은 비알리스토크가 이중 언어 구사력의 장점이 두 언어를 항상 사용하는 사람에게만 발생한다고 말한 것이다.[10]

이와 같은 연구는 상당히 고무적이나 이중 언어자와 단일 언어자 사이에 차이가 생기는 이유에 대해서는 정확히는 파악하지 못하고 있다. 이미 이중 언어 능력이 있는 사람의 이력을 살펴보는 연구였으므로, 항상 두 집단 사이의 차이가 발견되었다는 결과일 뿐 그 차이가 왜 생겨났는지는 알아내지 못했다. 그러므로 두 집단 사이에 알츠하이머병 발병 나이의 차이가 생긴 원인이 무엇인지 밝혀내는 추가 연구가 필요하다.[11]

노화에 대한 또 다른 성공적인 연구는 한 공동체에 속하거나 많은 사회적 교류를 하는 것이 치매 발병을 미리 방지하는 또 다른 중요한 방법이라고 제안한다. 그러나 다시 한 번 말하지만, 그 결과는 유명 매체가 강조하는 것만큼 분명하지 않다. 활발하게 사회 활동에 참여하는 노인은 집에만 있으며 다른 사람과 교류하지 않는 노인보다 훨씬 건강하지만, 열심히 사회 활동을 하는 것이 치매 발병을 늦추는 것인지 치매에 걸리지 않은 사람이 사회 활동을 더 활발히 하는 것인지를 분명하게 구분할 수는 없다.[12]

외국어를 배우는 것이 모든 문제를 해결해주지 않는다. 단지 해당 언어를 더 잘 말하게 해줄 뿐이다. 하지만, 우리가 아는 모든 장점을 기대할 수는 있다.

수많은 새를 어떻게 구별할 수 있을까?

외국어를 유창하게 구사하고자 할 때 가장 중요한 부분 중 하나는 다른 사람의 구어를 이해할 수 있어야 한다는 점이다. 그렇게 되려면 아주 힘든데, 해당 언어의 개별 단어들을 알지 못하면 끊임없이 이어지는 소리를 의미로 변환하기 어렵기 때문이다. 텔레비전이나 라디오에서 원어민의 인터뷰를 들었던 기억을 떠올려보자. 그 사람이 아주 빨리, 이를테면 당신의 모국어 화자보다 더 빨리 말을 한다는 느낌을 받을 것이다. 사람이 말을 얼마나 빨리하는지(분당 말하는 단어 수로 측정)는 언어별로 차이가 있지만 그리 크지는 않다. 예를 들어, 자연스럽게 말이 나오는 비율은 영어와 일본어가 동일하다.[13] 그렇지만 대부분의 영어 구사자는 일본어가 자신들이 말하는 속도보다 더 빠르다고 주장할 것이다(혹은 그 반대거나). 왜 이런 현상이 생기는 것일까?

모국어로 목소리를 들을 때 강력한 착각이 생긴다. 말하는 사람이 모든 단어마다 아주 조금씩 멈추는 것처럼 느끼는 착각 말이다. 그렇지만, 아무도 그런 식으로 말하지 않는다. 그럴 필요가 있을까? 원어민은 자신의 모국어 단어를 말하기 때문에 지각과 의식체계가 소리를 단어별로 분리할 수 있다. 그러나 외국어에서는 이와 비슷한 단절이 발생하지 않는데, 이는 외국어 학습자가 연관이 있는 단어를 알지 못하기 때문이다. 특별히 거슬리는 소리가 나지 않고 자연스럽게 이어지기 때문에 아주 빨리 말을 하는 것처럼 느껴진다. 그러나 차츰 시간이 흐르면서 지각 체계는 이 흐름 속에서 개별 단어들을 가려내도록 훈련이 된다. 이 같은 능력은 외국어에만 국한된 것이 아니다. 점진적으로 전문성을 획득할 수 있는 어느 부분에서도 발생한다.

새를 관찰하기로 했다고 하자. 우선 어떤 종류의 새인지 파악하는 일이 상당히 어렵게 느껴질 것이다. 작은 갈색 새는 모두 한 종류로 보일 테니까. 하지만, 좌절에 빠져 포기하지 않는다면 차츰 새의 크기나 머리의 모양, 날개나 다리의 길이, 부리의 형태 등을 통해 구별하는 법을 배워 나갈 것이다. 새의 울음소리나 습성과 같은 다른 요인에서 단서를 얻을 수도 있다. 결국, 이런 특징들을 잘 조합해 어떤 새인지 구별할 수 있는 위치에 오르게 된다.

사실, 이 정도의 능력을 갖추려면 그저 많은 새를 보는 것밖에 답이 없다. 새의 종류를 소개하는 책을 공부한다고 이런 능력을 키울 수 있는 것은 아니다. 아주 특별한 종에 한해서는 그럴 수 있지만, '소형 갈색 조류'에 속하는 참새, 휘파람새, 굴뚝새, 핀치(Finch)는 어떻게 구별할 수 있을까? 새들은 작고 활동적이라 잠깐 본 것만으로는 구별이 어렵다. 새 사냥꾼들은 생김새가 비슷한 부류는 아주 많이 보아야만 차이를 구별해 낼 수 있다는 점을 알게 되었다. 다시 말해, 새를 자주 보면 볼수록 새를 제대로 볼 수 있는 능력이 생기는 것이다.

외국어 학습에서 일어나는 지각의 일반화 과정도 이와 마찬가지로 적용된다. 새로운 언어를 배우는 가장 좋은 방법은 긴 시간 동안 같은 원어민의 말을 계속 듣는 것이 답이라고 생각할 수도 있을 것이다. 그렇지만, 이것은 책으로 배운 참새가 실제 야생에서는 다르게 보이는 이치와도 같다. 한 사람의 목소리를 반복해서 들으면 해당 언어의 소리와 억양에 대해 민감해질 수 있지만 한 번도 들어보지 못한 사람의 말을 종합적으로 이해하려고 할 때는 그 능력이 상당히 떨어질 것이다. 결국, 외국에서 만난 여러 사람의 말을 알아듣는 것이 목표라면 녹음한 한 사람의 목소리를 계속 들어봐야 아무 소용이 없다. 이는 마치 스페인어 구사자가 윈스턴 처칠(Winston Churchill)의 연설만을 들으며 런던의 택시 운전사와 글래스고의 상점 주인 말을 모두 이해할 것이라고 기대하는 것과 같다.

　연구자들은 이런 일반화 현상을 발견하고 여러 각도에서 연구를 진행하고 있다. 앤 브래들로우(Ann Bradlow)와 테사 벤트(Tessa Bent)는 영어를 모국어로 쓰는 사람을 대상으로 중국어 억양으로 영어를 쓰는 여러 사람의 목소리를 들어보도록 했다. 그런 다음 한 번도 들어보지 못한 다른 중국어 억양을 쓰는 영어 구사자의 말을 듣게 했다. 참가자들이 이 사람의 말을 이해하는 능력은 중국어 억양을 쓰는 영어 구사자 한 사람의 목소리만 들었던 다른 집단의 사람들보다 훨씬 높았다.[14]

이 같은 일반화 효과는 같은 언어의 사투리에서도 마찬가지다. 보스턴 억양만 듣고 자란 당신이 보스턴 출신인 사람을 더 잘 알아맞힐까 아니면 다른 지역 출신의 억양을 들어본 사람이 나을까? 신시아 클로퍼(Cynthia Clopper)와 데이비드 피소니(David Pisoni)는 이 문제를 연구하기 위해 실험 대상자들로 하여금 미국 각 지역에서 온 사람들을 분류하도록 했다. 그 결과, 새로운 사람의 목소리를 들었을 때, 특정 지역에서 온 한 사람의 목소리에 노출되었던 집단보다 여러 사람의 목소리를 들었던 집단이 해당 지역 사투리를 더 잘 구별할 수 있었다.[15]

그러므로 전통적인 언어 수업 방식은 지각 일반화에 이상적인 방식이 아닌 것이 분명하다. 여러 사례를 통해 볼 때 외국어 학습자는 목표 언어를 구사하는 다양한 사람들에게 노출될 확률이 낮다. 그래서 선생님이 하는 프랑스어와 실제 프랑스어를 구사하는 사람의 말을 모두 이해하는 데 필요한 가변성을 인지 체계에서 받아들이지 못하는 것이다.

다행히 새로운 언어에 대해 지각 일반화를 할 수 있는 여러 가지 활동이 있다. 한 선생님에게 외국어를 배우지만, 학생이 직접 영화, 텔레비전 드라마 시리즈, 유튜브 비디오 등을 통해 다양한 경험을 하는 것이다. 실제로 인터넷에서 당신의 일반화 능력을 키워줄 수많은 원어민을 만날 수 있다. 최대한 많은 원어민의 목소리를 들어보는 것을 목표로 삼아야 한다. 해당 언어를 막 배우기 시작한 단계라고 할지라도 절망하지 말고 외국어 비디오나 연극 혹은 음악 등에 자신을 꾸준히 노출해야 한다. 이것이 외국어를 배우는 유일한 방법은 아니지만 이렇게 하면 일반화를 하는 데 필요한 토대를 구성하고 인지 체계를 높일 수 있다.

외국인에게 억양이란?

외국어를 인식하려면 일반적으로 모국어에 없는 음소까지 모두 익혀야 한다. 음소란 특정 언어의 음성 속에 담긴 의미적 차이를 지칭한다. 영어는 40개의 음소로 이루어져 있다. 일부 언어는 음소의 수가 아주 적으며(음소의 수가 가장 적은 언어 중 하나인 하와이어는 13개에 불과하다) 일부 아프리카 언어는 음소가 100개가 넘는다. 불행하게도 음소의 차이를 만들어내거나 구별하는 능력은 나이가 들면서 떨어진다. 그 이유가 무엇인지 살펴보자.

관례에 따라 음소는 글자나 사선 사이에 기호를 넣어 표시한다. 그래서 영어는 pin의 /p/와 bin의 /b/가 음소 표기다. 이처럼 단어의 첫 음소가 바뀌면 의미도 달라져 금속 재질의 못을 뜻하는 pin에서 저장 용기를 지칭하는 bin이 되는 것이다. 영어에서 다른 소리의 차이는 음소로 치지 않는다. 예를 들어 /p/는 의미에 따라 발음이 두 가지로 달라진다. pin처럼 단어의 처음에 나오는 경우 살짝 공기를 터트리면서 발음한다. 이것은 격음(Aspiration)이며 spin과 같은 단어를 말할 때 /p/와는 다르다.

손바닥을 입 앞에 댄 다음 직접 'pin'과 'spin'을 반복적으로 발음해보면 알 수 있다. pin은 공기가 앞으로 터지는 느낌이 들지만, spin은 그렇지 않다. 영어를 모국어로 쓰는 사람이라면 지금까지도 크게 차이를 느끼지 못하지만, 어린 시절 이 규칙을 무조건 따랐던 기억이 있을 것이다. 마찬가지로 쉰 목소리나 코가 막힌 상태에서 말을 하려면 발음에 어려움을 겪지만, 의미가 달라지지는 않는다. 그저 감기에 걸린 사람의 목소리가 날 뿐이다.

외국어의 음소를 완전히 익혀야 할 때 상황은 좀 더 복잡해진다. 일부 음소는 다른 것들보다 더 익히기 어렵다. 프랑스어와 체코어에서 /r/은 영어를 구사하는 사람들에게 힘든 음소이며 아랍어를 익히려면 전 세계의 많은 언어와는 달리 성도(聲道, 성대에서 입술 또는 콧구멍에 이르는 통로 - 옮긴이)의 훨씬 뒤쪽에서 소리를 내야 한다.

일부 성인 외국어 학습자가 해당 원어민처럼 발음하는 데 성공하지만, 대부분은 특유의 억양을 가지고 있다. 하지만, 원어민이라고 해서 모두 억양이 같지는 않다. 호주 멜버른, 미국 멤피스, 영국 맨체스터 출신의 영어 억양은 서로 상당히 다르다.

어쩌면 이렇게 생각할 수도 있다. "내가 대학교 때 외국어 공부를 시작했으면, 아니 고등학교 때부터라도 했으면 이렇게 발음이 어색하지는 않을 텐데." 그러나 실제로 고등학교 때 공부를 시작했다고 하더라도 늦은 것이 사실이다. 제임스 플리지(James Flege)와 동료 연구진들은 어린 시절 미국으로 건너온 온 한국인들은 대상으로 영어 음운론의 측면에서 유창함을 평가했다. 참가자들은 원어민이 읽은 영어 문장을 듣고 따라 읽는다. 그 과정을 기록한 다음 원어민에게 '아주 강한 외국인 억양'을 1점, '억양이 전혀 없음'을 9점으로 하여 아홉 단계로 점수를 매기도록 했다(결과는 **그림 5-1**에 나와 있다).[16]

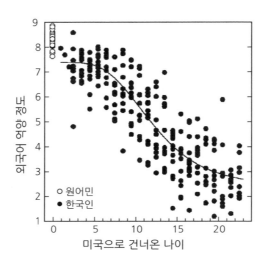

세로축: 외국어 억양 정도
가로축: 미국으로 건너온 나이

○ 원어민
● 한국인

그림 5-1 《기억과 언어 저널(Journal of Memory and Language)》 41권에서 발췌, 제임스 에밀 플리지(James Emil Flege), 그레이스 H 예니 콤시안(Grace H. Yeni-Komshian), 세레나 리우(Serena Liu), "제2외국어 습득에 미치는 나이 제약(Age Constraints on Second-Language Acquisition)", 1999년, 엘스비어(Elsevier) 사용 허가

당연히 영어를 모국어로 쓰는 원어민이 가장 높은 점수를 받았다. 일부는 살짝 낮은 8점을 기록했지만, 대다수가 8~9점 사이에 분포했다. 한국어를 모국어로 쓰는 참여자 누구도 이 범주에 들지 못했다. 아기 때 미국으로 건너온 참가자조차 원어민 그룹의 점수에 미치지 못했다. 그리고 미국에 온 연령대가 높아질수록 억양 점수는 낮아졌다. 10살에 미국에 온 한국인은 평균 6점을 기록했다. 15살의 경우 이보다 낮은 4점을 기록했다. 그리고 20살은 3점에 그쳤다.

영어와 한국어가 아주 다르다는 점에서 이런 결과가 도출된 것이 아니냐는 의문이 들 수도 있지만 그렇지 않다. 미국에 이민 온 이탈리아인을 대상으로 한 연구에서도 이민 온 연령대와 억양 간의 상관관계에서 비슷한 결과가 나왔다.[17]

그러나 억양 외 언어의 다른 측면은 나이의 영향을 덜 받았다. 플리지와 동료 학자들은 한국인의 영어 문법 완성도에 대해서도 평가했다. 참가자들은 원어민이 녹음한 다양한 문장을 듣고 적절성의 여부에 대해 '예'와 '아니오'로 판단을 내렸다. 전체 문장 중 절반은 정확했고 나머지 절반은 문법적으로 이상이 있었다. 일부 문장에는 과거 시제가 잘못 적용되거나("A policeman give Alan a ticket for speeding yesterday."), 복수형의 오류("Todd has many coat in his close"), 대명사 오류("Susan is making some cookies for we.") 등과 같은 실수가 들어 있었다. 이 실험에는 일부 원어민도 참여했다(실험 결과는 **그림 5-2**에 나와 있다).

원어민은 상당히 점수가 좋았다. 그들은 90~100% 사이의 점수를 기록했다. 그러나 15살에 미국으로 건너온 한국인 참가자들은 평균 80% 이하였다. 20살의 경우 70%대에 머물렀다. 하지만, 미국에서 공부한 기간으로 비교해보니 문법 능력은 거의 같았다. 일찍 미국으로 온 사람은 84%, 늦게 온 사람은 83%로 거의 차이가 없었다.

이 같은 결과가 나온 이유를 두고 인지과학 연구자들 사이에서 설전이 벌어졌다. 일부는 이 데이터가 어린아이의 모국어 습득 능력이 나이가 들면서 급격하게 감소하는 타고난 메커니즘인 결정적 시기(Critical Period) 이론을 뒷받침한다고 주장했다. 그러나 이 말이 사실이라면 음소와 마찬가지로 문법에서도 비슷한 결과가 나와야 한다(**그림 5-2**를 **그림 5-1**과 비교해보라). 하지만, 그렇지 않다.

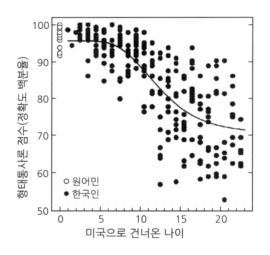

그림 5-2 《기억과 언어 저널(Journal of Memory and Language)》 41권에서 발췌, 제임스 에밀 플리지(James Emil Flege), 그레이스 H 예니 콤시안(Grace H. Yeni-Komshian), 세레나 리우(Serena Liu), "제2외국어 습득에 미치는 나이 제약(Age Constraints on Second-Language Acquisition)", 1999년, 엘스비어(Elsevier) 사용 허가

성인 외국어 학습자는 결과가 분명하다. 원어민과 같은 발음을 하기란 불가능하지만, 이것이 문법과 같이 언어의 다른 측면을 완전히 익히는 데 영향을 미치지는 않기 때문이다. 그러나 외국어를 특유의 억양으로라도 발음할 수 있다면 이는 곧 그 언어를 익혔다는 뜻이기도 하다. 고등학교 1학년 때 독일어 공부를 시작한 필자 중 한 사람인 로저는 한때 원어민 독일인에게 '두드러진' 헝가리인 억양이 있다는 말을 들었다. 하지만, 독일어를 아예 못하는 것보다는 이런 소리를 듣는 것이 훨씬 낫다.

억양은 바꿀 수 있을까?

사람들은 목소리, 말더듬증, 실어증과 같은 발작 상황을 비롯해 여러 가지 이유로 언어치료사의 도움을 받는다. 역할의 특성상 공인받은 언어치료사는 고객의 심한 억양을 줄여주거나 바꾸는 데 도움을 줄 수 있다. 그 작업을 할 때 언어치료사는 고객의 음성이나 단어, 어구에 주는 강세, 말하는 리듬 등을 지적해준다.

억양 수정 치료는 한층 원어민처럼 발음을 구사하고 싶거나 심한 사투리나 지역색을 없애고 싶은 사람이 주로 받는다. 또한, 역할을 준비하는 배우들 역시 이런 도움을 받는다. 물론 대다수는 언어치료사에게 가기보다는 대화 코치를 찾아가 역할에 맞는 훈련을 받는다.

억양 수정 치료를 받기로 한 사람들은 자신이 말을 할 때 들리는 방식을 바꾸고자 하는 동기가 크기 때문에 쉽게 변화할 수 있다. 그러나 한 개인의 억양을 바꾸려면 물리적으로도 발음을 다르게 해야 하고 새로운 방식으로 말하는 '새로운' 사람이 되어야 하는 정도의 엄청난 노력이 필요하다. 억양과 사투리에서 모두가 인정하는 영화배우 메릴 스트립은 이렇게 말했다. "누군가의 화법을 따라 하는 일은 그 사람 그대로를 따라 하는 것과 같다."[18]

이 책에서 우리는 외국어 학습자들이 해당 외국어를 공부하면서 자신만의 정체성을 일찍 확립하는 것이 아주 중요하다고 밝혔다. 결국, 그저 외국어로 소통하는 것이 아니라 자신을 표현할 수 있어야 하기 때문이다. 이것은 단순한 소통과는 차원이 다르다. 외국어로 적절하게 소통할 수 있는 학생도 대화에 자신의 특성, 성격, 개성을 반영하지 못할 때는 좌절을 느낀다. 자신과 관련된 새로운 단어, 문장 구조, 화용론적인 장치를 익히면 새로운 언어를 말하기 한층 수월하고 자신의 정체성을 세울 수 있다. 모국어의 억양을 없애는 것은 이 과정에 도움을 주지 못하며 실상은 그 반대의 효과를 내기도 한다.

억양은 한 개인의 역사와 배경을 나타내는 지표로, 그 사람의 화법에서 유용하고 필요하며 적절한 한 부분을 차지한다. 따라서 필자는 억양을 바꾸려고 하는 것은 시간과 에너지 낭비이며 역효과를 낳을 뿐이라고 말하고 싶다. 그러니 억양을 바꾸는 대신 포용하길 권한다. 오히려 자랑해보라! 억양이 단점이 아닌 자산이라고 여기면 해당 언어를 말할 때 장점으로 작용할 것이고 이는 곧 유창함과 자신감을 높여주는 일로 이어진다.

분명히 억양이 너무 심해서 알아듣지 못하거나 너무 특이한 억양이라 듣는 사람이 말의 내용이 아닌 발음에만 관심을 둔다면 이러한 억양은 고칠 필요가 있다. 원어민이 알아들을 수 있도록 같은 말을 몇 번이나 반복했고 마침내 알아듣고 원어민이 이를 반복했을 때 당신이 한 말과 똑같은 발음으로 다시 여러분에게 반복한다면 엄청난 좌절감을 느낄 것이다. 이런 일이 생기면 해당 외국어에서 중요한 발음, 강세, 모음의 길이 등과 같은 미묘한 부분의 차이를 인식하려고 노력해야 한다. 목표 외국어를 원어민과 똑같이 발음하려고 하는 일은 성인 외국어 학습자에게 가장 어려운 부분이 아닐까 싶다.

억양을 고치려고 과도하게 시간을 들이지 말고 이해할 방법과 지점을 분석하는 메타인지 기술을 높이는 데 주력하는 편이 낫다. 그런 다음 억양 때문에 생기는 문제를 해결하는 것이다. 예를 들어, 같은 생각을 표현하는 발음이 더 쉬운 다른 단어를 배우는 것이다. 말하기 편한 단어를 선택하지 않을 이유는 없다. 아니면 더 자세한 설명을 통해 듣는 사람이 당신의 의미를 파악할 수 있도록 하는 방법을 찾아도 된다. 예를 들어 필자가 한국어로 '번역'이라고 말했을 때 '반역'으로 발음한 경우가 많았다. 하지만, '반역가'라는 말은 자주 사용하지 않으므로 사람들은 그가 '번역가'라고 말을 하면 금세 의미를 알아들을 수 있었다. 시간이 흐르면 필자도 '반역'과 '번역'의 차이를 구별할 수 있게 될 것이다. 하지만, 그렇게 되기까지 적어도 오해를 살 일을 최소한으로 줄일 수 있다.

실제로 '외국인의 발음'처럼 들릴지라도 이러한 억양과 함께 개인의 고유한 특성을 표현할 수 있는 단어, 문장, 화용론적 장치를 선택하고 사용하는 외국인 학습자라면 원어민이 볼 때에도 충분히 매력적으로 보일 것이다.

원어민이 더 잘 가르칠 것이라는 환상

1953년 5월 29일 에드먼드 힐러리(Edmund Hillary)는 에베레스트 정상에 올랐다. 하지만, 그 혼자만의 성과가 아니었다. 그는 네팔 셰르파족 산악인 텐징 노르가이(Tenzing Norgay)와 함께였다. 힐러리는 왜 홀로 산을 오르지 않았을까? 기존에 등산 경험이 있어 위험한 지형을 알려줄 수 있는 누군가가 그에겐 필요했다. 사실 어떤 면에서 보자면 텐징이 힐러리의 목숨을 구한 것이나 다름없다. 다른 언어를 배우는 일 역시 팀으로 노력해야 하고 당신의 편에 있는 사람이 이미 경험이 있어 정복할 수 있는 비결을 알려준다면 가장 이상적이다.

그러나 안타깝게도 외국어 학습에서 사람들은 오로지 원어민 화자에게서만 그렇게 배울 수 있다고 믿고 있다. 물론 원어민이 정확하게 발음하고 자연스럽게 말을 할 수 있도록 도와주는 것은 사실이다. 하지만, 원어민에게서만 배우는 것은 에베레스트 산 꼭대기에서 태어나 아래로 고함을 치며 방향을 가르쳐 주는 사람의 지도를 받는 것과도 같다. 그가 하는 말은 맞겠지만 굴러 떨어지는 바위나 위험한 빙하 틈을 피해 발을 디딜 곳을 찾게 도와주지는 못한다. 외국어를 배우고 제대로 정복하고 싶은 당신에게 꼭 필요한 사람은 바로 언어의 길을 안내해줄 셰르파족이다. 기존의 통념과는 반대로 들린다. 그러나 이 말이 원어민에게 배우는 것이 쓸모없다는 뜻은 아니다. 사실 그 반대이니까. 그럼에도, 성인 외국어 학습자라면 원어민과 같은 전문가에게서 훨씬 배울 것이 많다.

리처드는 여러 곳에서 프랑스어를 배웠지만, 최고의 스승은 미국에서 태어나고 자라 프랑스인과 사랑에 빠져 성인이 되어 프랑스어를 배운 사람이었다. 이 선생은 미국인들이 어떻게 프랑스어에 접근하는지 잘 이해하고 있었다. 그래서 미국인에게 프랑스어를 가르치는 방법을 알고 있었다. 그는 자신도 경험이 있었기에 왜 미국인들이 실수를 저지르는지 잘 이해했다. 그래서 학생들에게 실수를 피할 수 있는 전략을 알려줄 수 있었다.

메타인지에 능한 성인 언어 학습자는 목표 언어의 소리, 단어, 어구, 비유적 표현 등을 통해 유형과 관계를 찾으려고 한다. 그래서 성인은 전략적으로 이런 사고를 할 수 있도록 도와줄 누군가가 필요하다. 이미 해당 언어를 익히느라 노력을 한 외국인이라면 원어민은 겪지 못한 통찰을 경험한 경우가 많다.

예를 들어, 단어를 익힐 때 원어민이 어떤 단어가 많이 쓰이고 그렇지 않은지 잘 알려줄 수 있지만 알아두면 가장 요긴하게 사용할 수 있는 단어를 말해주지는 못한다. 전략적인 외국어 학습자인 성인은 가장 두루 두루 쓰일 수 있는 단어를 찾는다. 경험이 많은 외국인이라면 이런 단어를 찾을 수 있고 이미 그 중요성을 인식하고 쉽게 익히는 법을 알려줄 수 있다.

　　이상하게도 미국의 교육 체계는 유창한 외국인은 어린이를, 원어민은 성인을 가르치게 되어 있다. 이 같은 추세는 반대로 되어야 한다. 성인은 마찬가지로 성인이 되어 외국어를 익힌 유창한 외국인에게 배울 수 있다. 하지만, 이와 반대로 어린이는 성인과 달리 특정한 억양이 없이 외국어를 배울 수 있는 능력이 있으므로 원어민에게 배우는 편이 훨씬 장점이 많다. 성인 외국어 학습자는 목표 언어로 생각하고 전략을 구성하고 가장 유용한 단어, 어휘, 문법 패턴, 비유적 표현 등을 알려줄 수 있는 유창한 외국인에게서 배우는 편이 가장 좋다.

6

·····

하향식 처리와 상향식 처리

듣는 것이 곧 보는 것이다

효과적인 외국어 학습 전략을 세울 때 알아야 할 사실은 듣기와 말하기에 대한 우리의 직관이 정확하지 않을 때도 있다는 사실이 연구를 통해 입증되었다는 것이다. 예를 들어, 누군가가 말하는 것을 들을 때 귀는 주관적인 판단을 내리며 눈은 이해하는 과정에 거의 아무런 역할을 하지 못한다고 생각한다. 물론 청각 장애가 있는 사람도 입 모양을 보고 상당한 수준까지 말을 알아들을 수 있지만 대부분 사람은 이를 일반적으로 말을 듣는 것과는 무관한 특별한 기술로 여긴다. 하지만, 실제로는 우리 모두 어느 정도는 입 모양을 보고 말을 알아들을 수 있다. 못 믿겠다고? 몇 가지 예를 들어 보겠다.

듣는 것이 곧 보는 것임을 증명하는 강력한 예는 맥거크 효과

(McGurk Effect)를 통해 알 수 있다. 해리 맥거크(Harry McGurk)는 동료 존 맥도널드(John MacDonald)와 함께 이 현상에 관한 논문을 발표했다(역사상 위대한 발견들이 종종 그렇듯 이 효과도 우연히 발견된 것이다).[1] 지금부터 설명하겠지만, 이 효과에 관한 동영상을 인터넷에서 직접 찾아보길 바란다. 직접 동영상을 보고 읽은 다음에 실험에 대해 평가해보자. 놀랍게도 이는 상황에 대한 지식은 강력한 착각을 경험하는 당신의 능력을 바꾸지 못한다는 지각 효과이다. 필자는 지각 관련 수업에서 학생들에게 이 동영상을 수년간 보여주었고 반복적인 시연에도 효과에 대한 자신의 경험이 변하지 않는 것을 여전히 놀라워하고 있다. 웹사이트에는 다양한 예가 있지만, 필자는 직사각형 할머니 안경을 쓰고 장발에 수염이 더부룩한 남성의 동영상을 예시로 골랐다. 보고 나면 필자가 하는 말이 이해가 갈 것이다.

동영상 그 자체는 볼 것이 별로 없다. 클로즈업으로 잡은 남성의 얼굴이 등장하고 그가 한 음절을 여섯 번 반복하는 모습이 보인다. 그리고 잠깐 멈춘 다음 비디오는 다시 처음으로 돌아간다. 남자의 입을 응시하면 그가 "다 다, 다 다, 다 다"라고 말하는 것을 들을 수 있다. 비디오를 여러 차례 자세히 보면 그 소리가 남성의 입에서 나오고 있다는 사실을 알 수 있을 것이다. 이제 눈을 감고 비디오를 계속 감상해보자. 그런데 소리가 다르게 들릴 것이다. 남자가 이번에는 "바 바, 바 바, 바 바"라고 말하는 것처럼 들린다. 어떻게 이런 일이 가능할까? 계속 같은 동영상을 보고 있는데도 말이다. 실제로 눈을 떴다가 감았을 때 소리는 당신이 보면서 들을 때와 그냥 듣기만 할 때에 따라 달라진다.

이렇게 추측을 했을지도 모르지만 사실 남자의 입 모양과 녹음된 목소리는 일치하지 않는다. 남자의 목소리는 실제로 "바 바"라고 말을 하고 있지만, 우리가 보는 입 모양은 "가 가"라고 하고 있다. 이러한 불일치는 눈을 감았을 때는 감지할 수 없으므로 소리가 정확하게 들리는 것이다. 하지만, 소리를 들으며 동영상을 보면 인지 체계가 오류를 파악하고 보이는 것과 들리는 것 사이의 차이를 최대한 일치시키려고 노력한다. 그래서 뇌는 입력된 정보의 불일치에 관한 최선의 해결책으로 당신이 들은 소리가 "다 다"라고 알려주는 것이다.

시각과 청각을 속일 수 있다는 것을 보여주면서 맥거크 효과는 우리가 듣기 혹은 보기에만 의존하고 있다고 생각할지라도 일반적으로는 눈과 귀가 함께 작용해 더 완전한 인지 경험을 생성한다고 설명한다. 성인 외국어 학습자는 언어와 관련된 정보를 최대한 받아들여야 하므로 외국어를 공부하는 동안에는 항상 시각과 청각을 함께 활용하는 것이 중요하다. 순전히 청취용 교재만으로는 부족하므로 더 도전적인 학습 환경을 만들어야 한다.

일례로, 전화 통화를 할 때 대역폭의 제한 때문에 소리를 구별하는 음성 에너지가 생략된다. 초기 전신 기술자들은 신호를 변경하더라도 여전히 쉽게 이해할 수 있다는 사실을 발견하곤 안심했다. CD에 담긴 음악을 컴퓨터에서 MP3 파일로 바꾸는 것과 비슷하다고 보면 된다. CD에 기록된 정보 대부분을 버리지만, 음질에서는 거의 차이가 없다. 그 까닭은 디스크 속에 사람은 들을 수 없는 초고주파와 저주파가 함께 들어 있기 때문이다.

이렇게 압축하면서 치러야 하는 대가는 무엇일까? 대개는 그리 크지 않다. 휴대전화의 작은 스피커를 통해 딸의 목소리를 들으면 좀 더 작고 어색하게 들릴지도 모르지만 그래도 큰 차이 없이 목소리를 인식할 수 있다. 그렇지만, 생각해보면 문제가 발생한 때도 있었을 것이다. 전화 통화를 하면서 뭐라고 웅얼거렸다면 상대방이 당신이 한 말을 완전히 이해하지 못했을 가능성이 매우 크다. 통신사가 방출하는 고주파의 정보가 원인이다. /f/와 /s/같은 소리는 얼굴을 보고 하는 대화에서는 혼동할 가능성이 적은데 고주파의 소리가 발음을 두드러지게 해주기 때문이다. 하지만, 우리가 설명한 것처럼 이런 소리는 전송 과정에서 상당 부분 잘려나가므로 상당히 열악한 휴대전화의 마이크나 스피커로는 구별하기가 어렵다.

따라서 전화 통화로 고3 수험생 아들에게 FSU(플로리다 주립대학교)의 합격 소식을 전할 때는 "프랭크(Frank)할 때 F와 샘(Sam)할 때 S를 쓰는 그 FSU 말이야!"라고 설명해주지 않는 한 아들이 알아듣기 어려울 것이다. 이것이 비행기 조종사나 군인들이 음성기호(알파(Alpha), 브라보(Bravo), 찰리(Charlie), 델타(Delta) 등)를 쓰는 이유다. 솔직히 우리처럼 평범한 사람들은 비행기를 활주로에 정확하게 착륙시키거나 정신없는 전투에서 명령을 내릴 일은 없지만 그래도 규칙은 마찬가지다.

모국어로 전화하면서 대화에 어려움을 겪을 때는 왜곡되거나 빠진 부분을 배경지식으로 채워넣을 수 있기 때문에 이 문제에 대해서 주의 깊게 생각해본 적이 없을 것이다. 하지만, 외국어로 전화할 때는 하향식 프로세스를 진행할 수 있는 문맥상의 단서나 배경지식이 없으므로 해당 언어의 소리에 상당히 의존할 수밖에 없다. 따라서 빠지거나 왜곡된 소리 혹은 엄청난 소음이 안 그래도 잘 알지 못하는 외국어를 이해하지 못하도록 더욱 방해한다.

시각이 청각을 보충해주는 것을 알 수 있는 또 다른 경험은 소리를 끄고 텔레비전을 보는 경우다. 오늘 밤 좋아하는 텔레비전 쇼를 볼 때 광

서른, 외국어를 다시 시작하다

고가 나가는 사이 몇 분 동안 음을 소거하고 시청해보자(가족들이 왜 그러냐고 화를 낸다면 과학 실험을 해본다고 말하자). 시도하기에 앞서 자신이 얼마나 잘 알아들을 수 있을지 예상해본다. 사람들은 대부분 이 질문에 아주 낮은 기대치를 가지며 거의 같은 반응을 보인다. "입 모양을 읽을 줄 몰라서요." 그러나 다른 사람들과 같이 평범함에도 스스로 얼마나 이해할 수 있는지 알게 되고 놀랄 것이다. 물론 많은 부분을 알아듣지 못하는데, 대부분 텔레비전의 프로그램 진행 방식이 그 원인 중 하나이기도 하다. 시청자는 대개 서로 이야기를 나누는 두 사람의 옆 얼굴을 보게 되므로 얼굴 일부만이 눈에 들어온다. 하지만, 이런 제한에도 "왜죠?" 혹은 "싫어요!"와 같은 짧은 단어는 알아들을 수 있다.

별다른 어려움을 겪지 않고도 외국어로 구사한 농담이나 원어민과의 통화를 알아들을 수 있으면 해당 외국어에 유창하다고 말할 수 있다. 농담을 이해하려면 문화적, 화용론적 지식이 필요하지만, 전화, 라디오 프로그램, 오디오를 듣고 이해하는 데는 왜 그리 힘이 드는지는 이제 알았을 것이다. 즉, 듣기와 보는 것이 하나로 작용해야 언어 학습 전략을 향상시킬 수 있다는 점을 명심해야 한다. 실제로 외국어로 대화를 나눌 때 상대방의 얼굴을 똑바로 바라보면서 상대의 목소리를 눈으로 뚜렷하게 확인해야 한다. 또한, 사람이 곧바로 말을 하는 것을 보면서 동시에 들을 수 있는 교재를 선택해야 한다. 물론 항상 가능한 일은 아니며 일부 경우에는 효과가 미미할 수도 있지만, 이해력을 증진시키는 데는 엄청난 도움이 될 것이다.

번역할 수 없는 말이 있다면?

외국어를 공부하는 또 다른 큰 즐거움은 새로운 개념을 알게 된다는 것이다. 사람들은 다른 언어로 번역할 수 없는 특정 언어의 개념을 발견했을 때 엄청난 기쁨을 느낀다. 특히 감정과 관련된 단어에서 그렇다. 예술가 페이 잉 린(Pei-Ying Lin)은 '말로 표현할 수 없는(Unspeakableness)'이라는 제목의 혁신적인 프로젝트를 통해 문화적으로 한정된 감정들 사이의 관계를 도식화했다. 이 프로젝트에 나타난 번역할 수 없는 개념 중에는 웨일스어인 hiraeth가 있는데, 린은 이 단어를 '사별이나 헤어짐, 과거 웨일스의 부흥기에 대한 절실한 염원을 담은 비탄과 슬픔이 물들어 있는 향수병'이라고 정의했다.[2]

hiraeth와 같은 단어를 토대로 언어학자, 철학자를 비롯한 학자들은 어떤 점에서 언어가 사고에 영향을 미치는지 궁금해졌다. 쉽게 말하

서른, 외국어를 다시 시작하다

자면 언어가 그 사람의 생각을 결정하는 것일까? 이 질문에 명쾌한 답변을 내릴 수는 없다. 그러나 다행인 점은 외국어에서 제대로 기능해야 하는 대다수 개념이 어느 정도는 모국어의 개념과 겹치는 부분이 있다는 것이다. 완전히 새로운 범주에 들어 있다면 이런 개념을 배울 이유가 없다. 성인은 이미 모국어로 표현할 수 있는 아주 잘 발달한 개념과 범주를 구축해두고 있다. 따라서 모국어의 개념을 새로운 언어의 개념에 대한 원형이라고 여기고 두 개념의 경계 사이의 차이를 드러내고 이해하면서 정립해 나가는 것이 좋다.[3]

다른 각도에서 보자면 hiraeth와 같은 단어는 외국어를 말하려면 반드시 배워야 하는 많은 단어 중에서는 중요성이 낮기 때문에 웨일스에서 자랐는지가 이 단어를 이론적으로 이해하는 데 더욱 도움이 된다. 웨일스어를 배우려면 누군가가 hiraeth에 대해 이야기할 때 그들이 어떤 의미로 그 말을 사용하는지 이해할 수 있기만 하면 된다.

이 말은 사고에 미치는 언어의 영향이 중요하지 않다거나 실제 생활에 적용할 수 없다는 뜻은 아니다. 예를 들어, 개인이 문제를 해결하는 방식은 그가 모국어 혹은 외국어로 하는 사고 여부에 따라 영향을 받을 수도 있다. 외국어로 말하는 것은 문제에서 어느 정도 거리감을 제공하기 때문에 개인으로 하여금 감정에 덜 치우치며 도덕적으로 옳은 결정을 내릴 수 있게 해준다. 다른 연구에 따르면 개인은 모국어를 사용하면 외국어로 기억하는 것보다 자전적인 상황에서 더 강렬한 감정을 동반하는 것으로 나타났다. 그러므로 목표 언어와 모국어는 완벽하게 맞아떨어질 수는 없으니 걱정할 필요가 없다. 유사성을 토대로 공부를 시작하면 이내 차이점을 상당히 즐길 수 있게 되고, 결코 공부를 멈추고 싶지 않을 것이다.[4]

언어에서 '가짜 친구'와 먼 사촌

이 책에서 대단히 중요한 주제는 성인 외국어 학습자가 자신이 이미 아는 것들을 새로운 언어 학습에 활용할 수 있다는 점을 부각하는 데 있다. 단어를 외울 때에도 마찬가지다. 영어가 유일한 모국어인 독자라도 이미 수십, 수백 개의 외국어 단어를 알고 있다는 사실을 깨닫고 놀랄 것이다. 이 같은 즐거운 발견은 영어의 특별한 역사 때문이다. 본질적으로 영어는 기원전 5세기 현 북부 독일과 덴마크 지역 침입자들이 영국 제도(British Isles)로 유입해온 독일어를 바탕으로 한다. 세월이 흐르며 앵글로 색슨(Anglo-Saxon)이라고 불리던 이 언어가 고대 영어(Old

English), 중세 영어(Middle English)가 되었다가 마침내 근대 영어(Modern English)로 발전했다. 따라서 영어의 기본적인 어휘 상당수가 근대 독일어와 독일어가 기원인 스칸디나비아어의 단어와 비슷하다. 독일어 초보인 학생은 성별을 지칭하는 명사나 엄청난 길이의 다음절 어휘를 보고 놀라기는 할 테지만, Mann, Vater, Sommer, Garten과 같은 단어를 보고는 곧장 영어의 man (사람), father (아버지), summer (여름), garden (정원)을 뜻한다는 사실을 알게 될 것이다.

하지만, 비슷하다고 해서 모두 도움된다는 뜻은 아니다. 영어를 모국어로 하는 사람에게 아주 친숙해 보이는 말 중에서 일부는 실제로 상당히 다른 의미를 지니고 있다. 이런 말을 '가짜 친구(False Friend)'(더 정확하게 말하자면 가짜 동족어)라고 지칭한다. 이런 예외들을 미리 예상할 수는 없고 비슷해 보이는 단어들이 유사한 뜻을 담고 있다는 일반적인 규칙을 벗어난 예외 사항으로 숙지해두는 수밖에 없다.

예를 들어, 독일인이 bald라는 단어를 쓴다면 그것은 '대머리'를 지칭하는 것이 아니라 '이윽고'라는 뜻이다. 관광객이 많이 혼란스러워하는 Menu의 경우 독일 레스토랑에서 음식 목록을 지칭하는 것이 아니라 '그날의 특별 요리'를 의미한다(Speisekarte가 메뉴와 같은 뜻이다). Puff 역시 '연기를 뿜다'라는 뜻이 아니라 '매음굴'을 의미한다. 그리고 독일어 중 뜻이 다르기로 가장 유명한 단어인 Gift는 영어에서 사람들이 듣기 좋아하는 그 말과 발음이 같다. 하지만, 독일에서는 '선물'이라는 뜻 대신 '독'을 의미한다. 다행히 이런 '가짜 친구'의 비율은 두 언어 간 유사성에 비해 상당히 낮은 편이니 예외적인 단어만 주의하면 된다.

독일어에서 기원한 것이 아닌 다른 많은 유럽 언어들 역시 영어 단어가 도움되는 때가 있다. 그리고 다시 한 번 강조하지만, 이는 영어의 특별한 역사 덕분이다. 지금 영국이라고 부르는 나라는 500년 동안 앵글로색슨 침략자 후손들의 통치를 받았고 이들은 다시 다른 외부 침략자들에게 정복당했다. 1066년 윌리엄 1세(William the Conqueror)가 군대를 이끌고 영국제도로 쳐들어왔다. 침략자들은 노르망디(Normandy) 해협을 건넜고 노르만어가 고대 프랑스어(Old French)의 방언이 되었다. 수 세대가 지나면서 통치 계급의 언어는 프랑스어 형태를 띠게 되었고 현재 앵글로 노르만어(Anglo-Norman)라고 불리는 언어가 행정부에서 사용되었다. 나머지 인구는 계속해서 영어(중세 영어)를 사용했지만 많은 앵글로 노르만 용어들이 평민층의 언어 속으로 스며들었다.

어쩔 수 없이 이중 언어 상태를 유지한 상황을 추적해보면 오늘날까지 법률 문서에서 그런 용어가 바뀌지 않고 그대로 사용되고 있다는 것을 알 수 있다. last will and testament (유언장), cease and desist (정지 명령), aid and abet (범행 방조)와 같은 표현은 두 언어에서 모두 같은 의미로 사용되고 있다. 이런 용어는 노르만어가 영어로 완전히 변경된 수많은 예시 중 하나로 볼 수 있다. 그래서 오늘날 영어를 쓰는 사람들은 단순히 프랑스어뿐 아니라 많은 언어 속 어휘를 배울 때 유리하다는 장점이 있다.

왜 그런지 이해하기 위해 다시금 간단히 역사적인 이야기를 다루고 넘어가 보자. 근대 프랑스어는 라틴어에서 비롯되었기 때문에 스페인어, 포르투갈어, 이탈리아어와 유사하다. 이 언어들을 통칭해 로망스어(Romance languages)라고 부른다. 사랑의 언어라는 뜻이 아니라 고대 로마의 언어를 공통 기원으로 하고 있기 때문이다. 심지어 동유럽에서 쓰는 루마니아어도 로마, 파리, 마드리드와 거리상으로도 멀지만, 한때 이 제국에 속해 있었던 관계로 라틴어원에 속한다.

이 말은 많은 로망스어가 앵글로 노르만을 통해 영어로 유입되었다는 것을 의미하며 새로운 단어가 게르만 언어를 대체했거나 많은 경우 병용된 것이다. 그래서 근대 영어는 어쩔 수 없이 동의어가 된 말이 많다. moon (게르만어)과 lunar (로망스어)의 경우 앞서 살펴본 예시처럼 의미가 같다(달). 이런 동의어는 근대 영어 어휘를 상당히 풍부하게 해주었고 근대 로망스어를 쓰는 영어 모국어 학생들에게 엄청난 이득을 안겨주었다.

사실 이득 그 이상이다. 로망스어는 또한 다른 두 경로를 통해 영어로 유입되었다. 라틴어는 1538년 헨리 8세(Henry VIII) 통치하에서 로마 가톨릭이 분리될 때까지 영국 교회에서 예배용 언어로 사용되었다. 게다가 근대 초, 라틴어(그리고 일부 그리스어)에서 비롯된 많은 기술, 과학, 의학 용어들이 생겨났다. 라틴어는 교육받은 영국 계층에서 보편적인 언어로 알려졌으며 기업가, 과학자, 의사는 자연스럽게 이런 단어들을 활용해 새로운 용어를 만들어냈다.

우선은 여기까지만 알아두고 다시 유럽에서 사용하는 외국어의 어휘를 배울 때 얻을 수 있는 혜택에 대해 살펴보자. 한 예로 hand (손)를 들어보겠다. 이 말은 근대 독일어인 hand와 같기 때문에 게르만어에서 비롯되었다는 것을 알 수 있다. 다른 게르만어를 배우고 싶다면 다음과 같은 유사성을 살필 수 있다. hand (네덜란드와 스웨덴어)와 hånd (덴마크어와 노르웨이어)처럼 말이다. 그러므로 당신은 스웨덴어로 '손'을 알고 있었다. 그저 자신이 알고 있다는 사실을 몰랐을 뿐이다!

로망스어에서 라틴어로 손을 뜻하는 manus부터 살펴보자. hand와 사뭇 달라 보이지만 이미 아는 영어 단어가 떠오를 것이다. manual labor (수공)의 manual 혹은 manipulate (손을 써서 다루다)처럼 말이다. 손을 뜻하는 라틴어의 근대 후손 역시 manus에서 유래되었다 (main (프랑스어), mano (스페인어), mano (이탈리아어), mão (포르투갈어)). 완전히 같지는 않지만 유사한 형태다. 이 같이 어원이 같은 말을 찾으면 단어를 익히는 데 상당히 도움이 된다.

라틴어에서 곧장 유래한 말이 아니라고 해도 찾아보면 어떤 연결고리를 발견할 수 있다. 일부는 그리스어와 관련이 있는데 heart (심장)의 경우 그리스어로 kardia라고 쓴다. cardiovascular (심혈관), cardiopulmonary (심폐), cardiac arrest (심정지) 등 그리스어를 기반으로 한 영어 단어와 어구가 많이 있다. 상당히 유사한 라틴어 cor는 다시금 프랑스어(coeur), 스페인어(corazón), 이탈리아어(cuore)에서 등장한다. 동생이라기보다는 먼 친척에 가깝지만, 유사성은 여전히 존재한다.

이 같은 메타언어적 인식은 유럽의 다양한 언어뿐 아니라 고유한 역사적 관련성을 가진 다른 세계 언어들을 이해하는 데도 도움이 된다. 예를 들어, 한국어, 일본어, 태국어와 같은 아시아의 다양한 언어 속 많은 말이 중국어를 어원으로 한다. 마찬가지로 러시아어, 폴란드어, 불가리아어, 체코어는 같은 슬라브어족이다. 언어군 사이의 연관성은 처음에 이들 언어 중 하나를 공부할 때는 그리 도움이 되지 못하지만, 모스크바에서 프라하로 거처를 옮긴다면 편리하게 느껴질 것이다. 앞서 말한 것처럼 많은 예외(그러니 '가짜 친구'를 조심해야 한다!)가 있지만, 먼 사촌을 알고 있으면 큰 도움이 된다.

단어, 단어, 단어

외국어 학습에 대해 생각할 때 대부분 사람은 엄청난 시간을 들여 해당 언어의 어휘를 익히려고 노력한다. 어휘는 유창함의 다양한 측면 중 하나일 뿐이지만 결국 의사소통을 하려면 해당 언어의 단어를 알아야 하므로 분명히 중요한 요인이다. 그러면 새로운 언어의 어휘를 익히는 방법에 대한 인식과 오해에 대해 살펴보도록 하자.

외국어 학습에 관해 널리 알려진 믿음은 유창해지려면 수많은 단어의 발음, 의미뿐 아니라 일부 언어는 문법적인 성별까지 섭렵해야 한다는 것이다. 이것은 정말로 벅찬 목표라서 외국어를 공부해볼까 생각했던 사람들이 지레 겁을 먹고 도망치게 할 수도 있다. 그렇지만, 생각하는 것처럼 그렇게 힘든 일이 아니다. 우선, 정말로 알아야 할 단어는 몇 개 정도일까?

영어를 모국어로 하는 사람이라면 영어 어휘가 엄청나게 많다는 사실을 알 것이다. 대략 500,000 ~ 1,000,000개 정도로 추정된다. 물론 이 수는 쓸모없는 단어, 기술 용어, 거의 쓸 일이 없는 단어들(외국 식물이나 동물 이름 등)과 같은 모든 것을 다 포함한 수치다. 이 모든 어휘가 언어의 완전판 사전을 방대하게 만드는 것이다. 또한, 앞서 설명한 것처럼 영어의 복잡한 역사 때문에 같은 사물을 지칭하는 단어가 하나 이상인 경우도 많다. 예를 들어, kingly와 regal은 모두 '왕'을 지칭하지만, 군주와 관련된 생각을 표현할 때 두 단어를 모두 알 필요는 없다.

그러므로 모호하고 겹치는 요인들을 걸러낸다면 꼭 알아야 할 어휘는 500,000개 이하로 줄어든다. 실제로 대학 교육을 받은 영어를 모국어로 하는 사람은 이 중 일부에 지나지 않은 17,000단어 정도밖에 알지 못한다.[5]

이 수치를 어떻게 측정할 수 있을까? 자신이 아는 어휘가 어느 정도인지 가늠하는 가장 좋은 방법은 사전에 나오는 단어를 얼마나 아는지 알아보면 된다고 생각할 수도 있다. 그러나 이 방식은 사전의 규모에 따라 차이가 있다. 집에 나뒹구는 사전 한두 개가 있다면 실험을 해보자. 가장 작은 사전을 골라 한 페이지를 펼친 다음 그 페이지에 나와 있는 단어 하나를 가리킨다. 단어를 읽고 자신이 아는 것인지 확인한다. 이렇게 아홉 번 더 시도해보라. 그런 다음 자신이 아는 단어가 몇 %인지와 사전에 정의된 총 단어 수(일반적으로 겉표지에 큼지막하게 적혀있다)를 곱한다. 이제 더 큰 사전으로 실험해본다. 당신이 아는 단어의 대략적 수를 산출해본다. 사전별로 다를 것이다. 작은 보급판 사전에서 찾아본 단어는 잘 맞추었고 여기에 상대적으로 적은 총 어휘 수를 곱했을 것이다. 큰 사전은 단어를 몇 개만 알아도 사전에 수록된 어휘 수가 훨씬 더 많으니 점수가 더 잘 나올 것이다. 그러므로 이 방법은 한 개인이 아는 단어의 정보보다는 개인의 사전 크기를 알려주는 데 지나지 않는다. 실제로 누군가가 아는 어휘의 수를 정확하게 산출하기란 실질적으로 불가능하다.

물론 한 사람의 어휘력을 수치화할 수는 없지만, 그와 관련된 질문에는 대답할 수 있다. "단어를 안다."라는 것은 무슨 의미일까? 학자들이 말하는 개인의 어휘 추정치는 일반적으로 화자의 수용 어휘를 말한다. 수용 어휘란 화자가 의미는 알고 있지만 실제로 말하거나 쓸 일이 없는 단어를 뜻한다. 가령, '미생물'이라는 단어를 마지막으로 써본 적이 언제인가? 고등학교 생물 시간에 이 단어를 줄기차게 들었을 테지만 미생물학 분야에서 일하지 않는 이상 그때 이후로 이 단어를 말해본 적이 거의 없을 것이다. 그러므로 대학 교육을 받은 영어 모국어 화자는 수용 어휘가 대략 17,000개 정도이며 일상에서 쓰는 단어는 훨씬 더 적다고 말하는 것이 정확하겠다.

그렇다면 단어의 파생형은 어떻게 해야 할까? 이 또한 개별 단어에 포함해야 할까? help라는 단어의 의미를 알고 있다면 자연스럽게 helps, helped, helping, helpful, helpless, helplessly, unhelpful, unhelpfully까지 알고 있다고 보아야 하는 걸까? 이 단어들을 하나로 보아야 할까 아니면 열 개(혹은 그 이상)로 보아야 할까? 언어학자들은 한 단어를 기본형(여기서는 help)이라고 정의해서 이 문제를 해결한다. 한 단어의 여러 가지 변화를 지칭하는 다른 용어는 어휘소다. 그래서 기본형을 알면 파생형도 알거나 이해할 수 있다고 본다.

또한, 학자들이 한계어(Frontier Words)라고 부르는 것도 존재한다. 한계어란 의미 일부만 아는 어휘를 지칭한다. 예를 들어, 'truculent (반항적인)' 혹은 'supercilious (거만한)'과 같은 말이 나쁜 의미를 담고 있다는 것은 알지만, 누군가 사전적인 의미를 말해보라고 한다면 어떻게 말해야 할지 모를 것이다. 그러므로 당연히 한계어의 존재 역시 개인의 어휘력을 측정하는 데 엄청난 영향을 미친다. 어떤 사람이 특정 언어의 의미를 대략 알고 있다면 그는 그 말을 아는 것일까, 모르는 것일까? 분명한 점은 그렇다, 그렇지 않다고 단정 지어 구분할 수 없다는 것이다.

개인의 어휘력을 측정하기 어려운 또 다른 이유는 우리 모두 개인어(Idiolect)라고 지칭하는 자신만의 방식으로 말을 하기 때문이다. 개인어는 모국어 화자가 해당 언어를 사용하는 독창적이고 고유한 방식을 말한다. 한 집단의 보편적인 언어 특징을 반영한 사투리와는 다른 개념이다. 우리는 모두 개인어를 사용하고 여기에는 단어와 문법뿐 아니라 특정한 어구도 속한다. 개인어는 아주 세부적이라 법언어학자들은 한 사람의 개인어를 특정한 문맥과 비교해 그 사람이 그 말을 만들어 낸 것인지 확인한다. 이는 유나바머(Unabomber), 《연방주의론(Federalist Papers)》의 공동저자, 《프라이머리 컬러스(Primary Colors)》의 저자가 누구인지를 구별하고자 사용한 방법이었다.[6]

모국어의 수용 어휘력이 개인어 기본형으로 약 17,000개라면 외국어를 공부하는 모든 사람이 외국어를 말하려면 이와 비슷한 수로 단어를 인지해야 할까? 17,000개는 500,000개보다는 훨씬 적지만 여전히 많은 수는 틀림없다. 그중에 적어도 1/10은 어떻게든 알게 된다. 다른 언어를 쓰는 외국인이 한층 쉽게 배울 수 있도록 영어의 규모를 줄이려는 시도가 여러 차례 있었기 때문이다. 1930년에 언어학자 찰스 오그던(Charles Ogden)이 '기초 영어(Basic English)'라는 이름으로 어휘 부분집합을 제안했다. 그는 1,200개의 핵심 어휘면 여러 가지 용도로 의사소통을 하는 데 충분하다고 주장했다.[7] 이와 같은 접근법의 결실이 심플 잉글리시 위키피디아(Simple English Wikipedia)로, 현재 이 글을 쓰는 시점에 115,000개의 표제어가 있으며 상당수가 오그던의 기초 영어만을 쓴 것이다. 1950년대 말 라디오 방송국 미국의 소리(Voice of America)에서 핵심 단어 1,500개만을 사용하는 〈스페셜 잉글리시(Special English)〉라는 프로그램을 방영하기 시작했다. 그러므로 상당히 제한된 숫자의 단어만을 가지고도 의미가 담긴 의사소통이 가능하다.

그렇지만, 언어를 배운다는 것이 단순히 특정한 수의 단어만 알면 되는 문제일까? 단어를 익히는 일은 외국어를 정복하는 데 있어서 중요한 목표가 되어서는 안 된다고 말하고 싶다. 영어를 포함해 대부분 언어에는 수많은 관용구가 들어 있다. 관용구 중 상당수가 단어의 표면적 의미와 실제 의미에 차이가 난다. 우리는 죽다라는 의미의 '양동이를 차다(kick the bucket)' 혹은 무심코 비밀을 누설한다는 의미의 '고양이를 자루 밖으로 꺼내놓다(let the cat out of the bag)'는 표현을 즐겨 쓰지만 여기서 양동이나 자루는 죽음 혹은 비밀을 밝히는 것과는 아무런 상관이 없다. 제2외국어에 대해 오로지 개별 단어의 의미만 아는 정도의 수준이라면 나무를 보느라 숲을 보지 못하는 상황에 빠질 것이 분명하다.

어휘를 익히는 것이 중요하지만 대화가 목적이라면 수백 개의 단어 정도면 충분할 것이다. 다른 사람과 외국어로 소통하는 것이 목표라면 이미 아는 단어를 원어민이 자주 쓰는 표현으로 접목시키려고 하는 것이 도움된다. 문맥 속에서 많은 새로운 단어의 의미를 추론할 수 있게 되면 시간이 흐르면서 목표 언어에서 상당히 광범위한 수용 어휘력을 발달시킬 수 있을 것이다.

수영을 배우려면 먼저 물속으로 들어가라

미국 드라마 〈빅뱅 이론(The Big Bang Theory)〉을 보면 천재이자 괴짜 물리학자인 셸던 쿠퍼(Sheldon Cooper)가 오랜 앙숙인 룸메이트 레너드 호프스태터(Leonard Hofstadter)와 언쟁을 벌이는 장면이 나온다. 자신의 의견을 관철하려고 레너드는 셸던에게 인터넷으로 수영하는 법을 배우려고 했던 것이 기억나느냐고 물었다. 그 말에 반박하며 셸던은 이렇게 대답한다. "난 수영하는 법을 진짜 배웠어." 레너드는 그가 거실 바닥에 엎드려 수영하는 법을 배웠다고 지적했다. 셸던은 이렇게 반박했다. "기술은 이전할 수 있어. 난 그저 물속으로 들어가는 것에 흥미가 없었을 뿐이라고!"

이 대화가 우스운 이유는 모든 사람이 바닥에 누워 수영을 배우는 것이 얼마나 실용성이 떨어지고 효과가 없는지 알기 때문이다. 그렇지만, 많은 사람이 이와 비슷한 방식으로 외국어를 배운다. 만약 최종 목표가 원어민과 해당 언어로 대화를 나누는 거라면 미리 녹음된 수업을 들으며 단어를 공부하고 단어장을 넘겨보거나 인터넷으로 반복 연습을 하는 것은 바닥에 누워 팔다리를 움직여 수영을 연습하는 것과 똑같다. 물론 익사는 하지 않겠지만, 밤낮없이 연습한 박태환 선수처럼 될 수는 없다.

셸던이 그랬던 것처럼 외국어 학습자가 겪는 가장 큰 어려움은 가상으로 설정된 외국어 연습을 실제 사용되는 어휘에 맞게 바꾸는 것이다. 다시 말해, 아는 것을 할 줄 아는 것으로 바꾸려면 어떻게 해야 할까?

다행히 인지과학자들은 지식 이전(Knowledge Transfer)에 흥미를 보였다. 가끔 한 분야에서 배운 지식을 이전해 새로운 정보를 얻는 데 도움을 받기도 한다. 두 단어가 한 의미를 공유한다면 같은 어원 속 유사성은 일종의 긍정적인 이전(Positive Transfer)이라고 볼 수 있다. 반면 모국어의 어순을 목표 외국어에 그대로 가져다 사용하는 것처럼 새로운 습득을 방해하면 부정적인 이전(Negative Transfer)이 된다.[8] 그러므로 언어 학습의 목표는 긍정적인 이전을 극대화하고 부정적인 이전을 최소화하는 것으로 잡아야 한다.

성인 외국어 학습자의 긍정적인 이전을 쉽게 만들 수 있는 메커니즘에는 두 가지가 있다. 첫째, 자동적 이전(Low-road Transfer)은 잘 자리잡힌 개념이 새로운 맥락으로 적용될 때 유연하게 발생한다. 예를 들어, 차를 오랫동안 몰았고 이제 트럭을 빌려 운전하고 싶다면 필요한 것은 자동적 이전뿐이다. 많은 외국어 학습에서 전형적인 이전 전략인 '반복학습'을 하는 것이다. 자동적 이전은 자연스럽게 발생하지만 여러 가지 상황에서 수많은 연습을 거친 후에만 그렇게 된다. 환영 인사, 예의를 갖춘 의식, 작별 인사와 같이 정해진 활동에서 유용하다. 그러므로 긍정적인 이전은 과정보다 결과를 중시한다.⁹

그렇지만, 잠재적으로 이보다 더 강력한 지식 이전은 의식적 이전(High-road Transfer)으로, 새로운 정보를 기존에 습득한 지식과 향후 상황에 어떻게 적용할지 의식적으로 생각하는 메타인지 능력에 의존한다. 의식적 이전에는 새로운 정보의 유형과 연관성을 활발히 탐색해야 하므로 시간과 노력이 필요하다. 여러 가지 상황에서 한 어휘를 연습해 보는 것처럼 단순하지 않다. 그렇지만, 의식적 이전을 통해 언어 활용의 융통성을 익힐 수 있어서 그만한 가치가 있다. 따라서 의식적 이전은 결과보다는 과정을 중시한다. 다음에 소개하는 예를 살펴보자.

필자인 리처드와 로저가 베를린으로 여행을 갔고 호텔방을 나설 준비를 하고 있는데 누군가 문을 두드렸다. 좋게 표현해서 당시 독일어 실력이 '예전 같지 않았던' 로저가 문을 열었고 앞에 서 있던 객실 청소 직원이 속사포로 질문을 해댔다. 로저는 당황하며 자신이 받은 질문이 무엇인지 이해하려고 애썼다. 다행히 독일어 실력이 좀 더 나은 리처드가 직원이 하는 질문을 들었고 적절한 대답을 해주었다. 청소 직원이 복도를 따라 사라질 무렵 마침내 로저는 질문을 이해할 수 있었다. 그는 리처드가 개입해준 것이 고마웠지만, 자신이 바보가 된 듯한 기분이 들었다. 긴장해서 말이 나오지 않는 외국인을 청소 직원은 자주 봤을 거라며 자신을 위로했다.

로저는 이 상황에서 배운 교훈을 앞으로 어떻게 청소 직원과의 소통에 적용할 수 있을까? 그가 자동적 이전을 하려고 노력한다면 리처드가 했던 말을 기억해두고 여러 가지 다른 상황에서 활용해 다음번에 청소 직원이 찾아왔을 때 제대로 대답할 준비를 할 것이다. 이 전략의 문제점은 로저가 잠재적인 긍정적인 이전 과정에서 일부 부정적인 이전을 겪을 수도 있다는 점인데, 그가 만나게 될 모든 청소 직원이 같은 질문을 할 것이라는 보장이 없기 때문이다.

아니면 로저가 이 상황에서 자동적 이전이 별다른 도움이 되지 않는 다는 사실을 인식하고 경험을 교훈 삼아서 남은 여행 동안 독일어를 사용 하려고 적극적으로 움직이지 않고, 독일어를 배우는 것이 과정이지 결과 는 아니라는 점만 염두에 둘지도 모른다.

그런데 몇 년 후 로저는 독일에서 가족들 모임에 참석했다. 먼 친척 들까지 다 오는 자리였고 친척들은 미국에 사는 사촌이 독일까지 와준 것 을 기뻐했다. 미국에서 배우는 독일어는 일반적으로 표준 억양을 구사하 는 고지 독일어(High German)다. 따라서 로저는 고등학교와 대학교에 서 고지 독일어만 공부했다. 그런데 가족 모임은 네덜란드 국경 근처 작 은 도시에서 있었다. 그 지역은 모두가 표준 독일어에 익숙하지만, 저지 독일어(Low German)를 쓰는 곳이었다.

처음 로저는 아침 식사를 하며 가족들과 성공적으로 소소한 대화 를 나눈 것에 고무되었다. 그렇지만, 지나고 나서 보니 그 소통은 엉터리 였다. 친척들은 기초 단어만 써서 표준 독일어를 천천히 말하느라 고역 을 겪었다. 하지만, 나중에 다 같이 모인 자리에서 친척들끼리 서로 대화 를 주고받을 때 그들은 거침이 없었다. 흥분해서 떠들다 말고 간간이 미 안한 표정으로 로저를 쳐다보며 서로에게 표준 독일어를 쓰라고 말했다. 그렇지만, 이내 그 사실을 잊어버리고는 저지 독일어로 돌아갔다. 불행히도 로저는 친척들이 저지 독일어를 사용할 때가 그에게 의식적 이전을 할 엄청난 기회라는 사실을 인식하지 못했다. 그는 자신이 공부했던 독일어와 지금 들은 독일어 사이의 유사성을 찾아볼 기회를 놓쳤다. 친척들이 독일어 사투리를 이리저리 옮기는 동안 모음 발음, 단어 선택 및 여러 가지 언어적 특징의 차이를 발견했다면 앞으로 독일어 공부에 적용시킬 수 있었을 것이다. 그리고 실용적인 수준에서 보자면 멋지고 유익하다고 느낄 수 있는 독일어 사투리 대화에 참여하는 기회도 놓치고 말았다. 물론 자동적 이전과 의식적 이전은 모두 외국어 학습에서 유용하다. 그러나 대부분의 외국어 학습자가 자동적 이전에 익숙하므로 적극적으로 기회를 찾아야 하는 모국어와 목표 외국어 사이의 의식적 이전은 시간이 오래 걸린다. 그러나 이전에서 중요한 점은 셸던처럼 물에 들어가기를 두려워해서는 안 된다는 것이다. 아이용 튜브를 팔에 차는 한이 있더라도 어쨌든 물속으로 들어가야 한다.

은유와 관용구: 이득일까 난처한 상황일까?

제2외국어를 습득하려면 여러 가지 벅찬 도전에 직면해야 한다. 우선 다른 문법 체계를 익혀야 한다. 모국어에는 없는 발음을 익히거나 적어도 흉내 내는 시늉이라도 해야 한다. 외국어 단어를 외워야 하고 최소 몇백 개는 알아야 한다. 모든 것이 다 다른 것 같다. 하지만, 한 가지 중요한 부분은 같다. 그것은 바로 모든 언어가 공유하는 개념 구조다. 예를 들어 개(dog)는 스페인어로 el perro, 헝가리어로 kutya, 일본어로 inu라고 쓰지만 '개'라는 개념은 변하지 않고 남아있다. 멕시코 치와와(Chihuahua)부터 헝가리 비즐라(Vizsla), 일본 아키타(Akita)에 이르기까지 개에 속하는(그리고 속하지 않는) 범주는 모국어에서도 같을 것이다. 본질적으로 언어는 한 사람의 경험을 설명하는 축약형(Shorthand)이며 인간은 대체로 같은 방식으로 세상을 인식하기 때문에 대부분의 개념은 대체로 같다. 이 같이 축약형을 표현하는 방식에는 크게 차이가 나지만 보편적인 개념의 토대는 그대로이다.

새로운 언어를 공부하면서 다양한 방식으로 이런 개념적 핵심의 영향력을 높일 수 있다. 일례로 은유적인 관계를 이해하는 데 도움을 얻을 수 있다. 수사법에 약하다면 은유란 단순히 두 사물을 비교하는 것으로

서론, 외국어를 다시 시작하다

생각하면 된다. "도로는 산을 할퀴고 지나가는 뱀이다."처럼 말이다. 은유는 이처럼 비교가 꼭 필요할 때 사용하며, 직유는 "도로가 마치 뱀과 같다."처럼 명시적으로 비교할 때를 일컫는다.

언어의 상당 부분이 은유적임을 알 수 있다. 앞서 뱀을 예로 든 것처럼 분명한 은유일 때도 있지만, 그렇지 않은 때도 흔하다. 인지과학자들은 은유를 '참신함의 연속체'라고 이야기하며 한편에서는 이런 표현들 상당수가 주체 언어에서 '화석화'되었다고 말한다. 영어에서는 시계 면(face)과 시침(hand), 의자 팔걸이(arms)와 다리(legs)처럼 사람의 신체 부위를 다른 사물의 부분을 지칭하는 용어로 무의식적으로 사용하고 있다. 그리고 더 중요한 사실은 이런 은유가 외부와 단절된 상태에서는 존재하지 않는다는 것이다.

언어학자인 조지 레이코프(George Lakoff)와 철학자 마크 존슨(Mark Johnson)은 저서 《삶으로서의 은유(Metaphors We Live By)》(노양진, 나익주 공역, 박이정출판사, 2016)에서 은유의 전체 개념 체계의 존재 여부에 관해 논쟁을 벌였다. 두 사람은 많은 언어적 표현이 "시간이 돈이다(그는 도서관에서 유익한 시간을 보냈다)." 혹은 "지위가 올라가다(그녀는 성공의 사다리를 오르고 있다)."처럼 특정한 개념 은유를 토대로 하고 있다고 주장했다. 이 주장에 가장 널리 사용되는 예시는 개념 은유인 "사랑은 여행과도 같다."가 있다. 이 개념과 관련해 비슷한 표현이 수십 가지가 되며 모두가 가까운 관계에서 경험하는 전반적인 감정을 담고 있다. 다음 표현들을 살펴보자.

> *우리가 어디까지 왔는지 좀 봐.*
> *우리는 궤도를 벗어났어.*
> *우리만의 길을 가야 해.*
> *인제 와서 돌이킬 수 없어.*
> *우리는 갈림길에 서 있어.*[10]

이 문장들을 살펴보면 언어적 표현이 첫인상과는 달리 마구잡이는 아니라는 점을 알 수 있다. 그리고 이런 통찰이 외국어에서 상당히 이질적으로 보이는 어구를 익히는 데 긍정적으로 작용한다.

사랑에 관한 은유를 살펴보았으니 계속해서 교차 언어적인 예를 알아보자. 많은 언어에서 감정을 "누군가의 심장을 무너뜨리다."와 같은 신체부위로 개념화하고 있다. 물론 언어별로 이런 표현이 완전히 다르다면 정말로 맥이 풀릴 것이다. 독일어에서 이 같은 표현을 "누군가의 이마를 때리다."는 표현으로, 러시아에서는 "누군가의 어깨를 치다."는 표현으로 쓴다고 생각해보라. 다행히 다양한 언어에서 이 어구는 같거나 상당히 비슷하다. 독일어로도 "누군가의 심장을 깨트리다(jemandem das Herz brechen)."라는 표현을 쓰고 러시아어 역시 비슷하다. 물론 아주 작은 차이는 존재한다. 그리스어로는 "심장에 눈물이 흐르다."라고 표현하고 일본어에서는 "심장에 가시가 박혔다."라고 표현한다. 스페인어는 '무너뜨리다'는 표현은 같지만, 심장 대신 '영혼'을 쓴다.[11] 이런 표현을 마주했을 때 유사한 점을 어렵지 않게 찾을 수 있다.

그 말은 곧 우리가 고비를 넘겼다는 뜻일까? 불행히도 언어 지도 제작 문제에는 관용구와 관련된 또 다른 이면이 있다. 은유가 감정을 밖으로 다 드러낸다면 관용구는 좀 더 모호하다. 영어에서 좋은 본보기는 죽음에 대해 이야기할 때 쓰는 완곡 어구다. 우리는 죽다라는 의미의 '데이지를 꺾다(pushing up daisies)' 혹은 '농장을 사다(bought the farm)'와 같은 말로 누군가에 대해 표현하곤 하는데, 둘 사이에 필연적인 연관이 있는 것은 아니다. 데이지나 농장이 죽음과 직접적인 관련은 전혀 없으니 영어를 배우는 많은 학생이 이런 표현을 단순히 암기해서 익히라는 지시를 받는다. 그것이 유일한 방법이기 때문이다.

그렇지만, 인지과학자 레이 깁스(Ray Gibbs)가 이런 생각에 제동을 걸었다. 그는 상당히 모호한 관용 표현이라고 해도 기본적인 개념 토대를 지니고 있다고 지적했다. 몹시 화가 난 사람을 지칭할 때 쓰는 표현을 예로 들어보자.

> 분통이 터지다(*Blow your Stack*).
> 뚜껑이 열리다(*Flip your lid*).
> 길길이 날뛰다(*Hit the ceiling*).
> 속에 쌓인 울분을 토해내다(*His pent-up anger welled up inside him*).

이 관용구들 사이에 공통적인 요소는 화를 용기에 담긴 가열된 액체로 보는 개념적 지도화이다.[12]

분명히 모든 관용구가 그렇지는 않을 것이다. 영어로 작고한 인물을 지칭해 "페튜니아를 꺾다."나 "식물을 사다."라고 표현하면 어색하게 들린다. 학자들이 지적한 것처럼 이 같은 비생산성은 특정한 표현이 은유로 굳어졌고 나머지는 관용구가 된 이유를 알게 해준다. 도로는 뱀 같거나 스파게티와 같거나 구부러진 다른 어떤 것이 될 수 있다. 관용구는 개념적인 지도화가 시간이 흐르면서 사라지거나 처음부터 존재하지 않았기 때문에 그렇게 굳어진 것이라 말할 수 있다.

여기서 중요한 점은 한 걸음 물러서서 목표 언어의 은유와 관용구를 개념적으로 지도화하는 것에 대해 생각해보라는 것이다. 이렇게 하면 배운 어휘를 조직하고 기억하는 데 도움이 된다.[13] 이런 지도화가 작용하지 않는 사례도 많이 있겠지만, 개념 지도화의 가능성에 대해 인식하고 있다면 다시금 모국어의 장점을 이용해 고비를 넘길 수 있다. 게다가 목표 외국어 문화의 개념 지도화를 배움으로써 해당 언어를 훨씬 더 유창하게 사용할 수 있을 것이다.

7

언어 학습에서 기억의 역할

작업 기억이란 무엇인가?

전화번호 숫자의 길이에 대해 궁금해 해본 적이 있는가? 1950년대에 벨 전화 회사(Bell Telephone Company)의 기술자들은 근대적인 전화 시스템을 구축할 때 다양한 요인들을 고려해야 했다. 전화번호가 너무 짧으면 전 국민이 다 사용할 만큼 충분하지 못할 것이고 번호가 너무 길면 사람들이 사용할 때 실수를 많이 할 것이다(당시는 집게손가락으로 일일이 다이얼을 돌려서 전화를 걸던 방식이었다. 번호를 넣는 데만도 수초가 걸렸기에 잘못 돌리면 그만큼 시간 낭비가 된다). 그러나 제일 큰 문제점은 번호가 너무 길면 사람들이 외우지 못한다는 것이었다. 그렇다면 너무 길다는 기준은 어느 정도일까?

간단하게 기억력 실험을 한번 해보자. 이 책을 친구나 가족에게 건네주고는 다음에 나오는 지시사항을 읽어달라고 부탁한다.

아래의 숫자를 크게 읽어보세요. 약 4분의 1초 간격으로 숫자를 말하고 각 숫자를 말할 때마다 같은 간격으로 잠시 멈춥니다.

372958160274

다 읽은 즉시 실험 참가자에게 들었던 숫자를 큰소리로 말해보라고 시킵니다. 그런 다음 책을 돌려줍니다. (도움 감사합니다!)

이것을 숫자 폭 과제(Digit Span Task)라고 부른다. 실험에 참여한 당신은 12자리 숫자를 연속으로 말하지 못할 수도 있다. 대부분 사람이 앞의 숫자 몇 개는 기억하지만, 중간쯤 가면 마치 카드로 지은 집처럼 기억이 허물어져 버린다. 한 사람의 기억 반경이 어느 정도건 간에 12자리 숫자보다는 적다.

인지과학자들은 다양한 목적으로 숫자 폭 실험을 시행했으며 지금 우리는 그 대략적인 크기에만 집중하면 된다. 인지과학자 1세대라 할 수 있는 조지 밀러(George Miller)는 기억에 담을 수 있는 숫자에 대해 '마법의 숫자 일곱 개와 한두 개 정도 가감(마법의 숫자 7±2)'할 수 있다고 설명했다.[1] 그리고 벨 연구소(Bell Labs)의 기술자들은 밀러의 이 연구를 토대로 사람들의 기억 범위와 전화번호의 길이 사이에서 균형을 잡기에 일곱 자리 번호가 최적이라고 결론을 지었다.

그렇지만, 일부 사람들이 나이는 숫자에 불과하다고 주장하는 것처럼 숫자 폭 역시 상당히 임의적이다. 좀 전에 당신은 막 들은 12자리 숫자도 기억하지 못했다. 이제 또 다른 12자리 숫자를 말해줄 테니 기억해보라. 이번에는 더 잘할 수 있을 거라 확신한다(힌트: 역사적인 날을 떠올려보라).

149217762001

어떤가? 이 12자리 숫자가 미국 역사에서 중요한 사건이 일어난 해 세 개로 구성되었다는 사실을 알게 되면 머릿속으로 이렇게 생각할 것이다.

1492, 1776, 2001

이 숫자는 의미 없는 수의 연속이 아니다. 첫 번째 네 개의 숫자는 콜럼버스(Columbus)가 신대륙을 발견한 해이고, 두 번째 네 개의 숫자는 미국이 영국으로부터 독립한 해이며, 마지막 네 개의 숫자는 9 · 11 테러가 발생한 해다.

이렇게 보면 사람이 기억하는 숫자의 개수는 일곱 개에서 최대 아홉 개라는 밀러의 주장에 모순이 있는 것 같다. 그러나 이 두 번째 예시에서 어떤 방식으로 기억했는지 생각해보자. 첫 번째 실험처럼 수동적으로 친구가 읽어주는 숫자를 들은 것이 아니라 숫자에 의미를 부여하려고 했다. 그 덕분에 결과가 달라진 것이다. 밀러는 이를 의미 덩이 짓기(Chunking)라고 부른다. 그래서 사람의 숫자 기억력은 일곱 개를 기준으로 두 개를 더하거나 빼는 것이 아니라 일곱 개를 기준으로 두 개의 의미 덩이를 가감하는 것이다. 밀러는 논문에서 이 점을 우아하게 비유했다. 단기 기억(숫자 폭으로 측정한)은 일곱 개의 동전이 담긴 지갑과도 같다. 그렇지만, 동전은 동화일 수도, 금화일 수도 있다.

의미 덩이 짓기에 관해 생각해보면 전화번호는 실제로 일곱 개의 숫자로 이루어진 것이 아니다. 지역번호는 임의적이 아니라 의미가 있고 정해져 있기 때문이다. 예를 들어, 텔레비전 시트콤 〈사인필드(Seinfeld)〉에서 일레인은 맨해튼의 새로운 지역번호 대신 기존 지역번호인 202를 계속 쓰고 싶어서 속상해한다. 그녀를 비롯한 많은 사람에게 지역번호 202는 곧 맨해튼을 의미하기 때문이다. 그래서 지역번호가 단순한 세 자리 숫자가 아닌 의미 있는 한 덩어리로 여겨진다면 지역번호를 포함한 전화번호는 5~9개의 숫자 폭을 가지게 되므로 평범한 사람에게도 기억하기 쉽게 느껴질 것이다.

숫자 폭은 한 개인의 단기 기억 혹은 작업 기억(Working Memory)

을 측정하는 한 방법이 되기 때문에 중요하다. 그리고 작업 기억은 언어를 이해하는 핵심 요소다. 구어는 한 번에 만들어지는 것이 아니다. 화자가 생각을 완전히 다 정리할 때까지 한 번에 한 단어씩 표현한다. 그리고 글을 읽을 때는 한 지점에서 다른 지점으로 문장을 따라 이동하면서 개별적으로 혹은 전체로 단어를 해독한다. 어떤 경우든 간에 마지막 단어를 보기 전까지 문장의 첫 부분을 기억하고 있어야 한다.

작업 기억의 크기는 지능(지능지수가 높은 사람이 숫자 폭 실험에서 더 좋은 성과를 낸다), 기분(임상적으로 볼 때 우울한 기분을 지닌 개인의 성과가 더 나빴다)과 같은 많은 요인의 영향을 받는다. 그렇지만, 또 다른 중요한 요인은 나이다. 기억 폭은 어린 시절 증가했다가 10대 후반에 정점을 찍는다. 잘 알려진 기억 폭 기법으로 측정한 연구에 따르면 20세를 넘기면 기억이 점진적으로 감소한다고 한다.[2] 즉, 성인 외국어 학습자를 힘들게 만드는 잠재적인 요인 중 하나는 한 번에 여러 가지를 다 기억하는 능력이 점차 감소한다는 점이다. 이상적인 것과는 거리가 먼 이 같은 손실은 처음 경험했을 때 느낀 좌절에 비하면 별로 문제가 되지 않을 수도 있다. 성인은 어린이보다 세상에 대해 일반적인 상식을 더 많이 가지고 있으므로 의미 덩이 짓기를 더 효과적으로 할 수 있다. 나이가 숫자 기억에 불리한 영향을 미칠 수도 있지만, 지식과 경험이 이런 단점을 보완해 숫자를 잘 기억할 수 있게 도와주므로 걱정하지 않아도 된다.

이것이 언어 학습에서 무엇을 의미할까? 외국어 수업시간에 학생들은 종종 대화문이나 구어를 듣고 그대로 따라 해보는 연습을 한다. 최적화된 상황에서도 어려운 이 일은 나이가 있다면 더 힘들 것이다. 사실, 모국어로도 따라 하지 못하는 경우가 많다. 원어민은 들은 내용을 정확히 똑같은 말을 사용하지 않고 의미가 통하는 다른 말로 바꾸어 표현할 것이다.

따라서 외국어 학습자가 들은 내용을 기억하고 그대로 따라 하려고 할 때 그들은 실제로는 자신의 작업 기억을 시험하는 것이지 언어적 유창함을 발달시키는 것이 아니다. 이런 말하기 연습이나 암기 활동은 성인 외국어 학습자에게는 바람직하지 않다. 성인 외국어 학습자에게는 단순 암기가 아니라 이미 구축된 인지 체계 속으로 새로운 개념과 사상을 통합하는 방식이 가장 좋다.

이 말은 외국어 학습자가 아무것도 암기할 필요가 없다는 뜻은 아니다. 듣기 수업이 중요하지 않다는 뜻도 아니다. 학생이라면 당연히 단어와 숙어를 외워야 한다. 특히 관용구는 중요하다(예를 들어, letting the cat out of the bag(무심코 비밀을 누설하다는 뜻)은 표면적으로 비슷한 의미인 releasing the feline from the sack(자루에서 고양이를 풀어주다)으로 바꾸어 표현할 수 없다). 그렇지만, 대화나 글을 무조건 외우는 것은 인지적으로 많은 행위가 요구되므로 성인 외국어 학습자를 가장 힘들게 할 것이다. 성인 외국어 학습자는 작업 기억이 주로 요구되는 이런 활동에 집중하기보다는 의미에 초점을 두고 새로운 단어, 문법 구조, 관용 표현을 익히길 추천한다. 의미 덩이 짓기를 배우면 서로 관련이 없어 보이는 말들을 의미 있는 단위로 연결하고 다른 말로 바꾸어 표현하면서 의미에 집중하면 더 효과적으로 공부할 수 있다.

짐작했을지도 모르겠지만, 작업 기억은 지금까지 설명한 것보다 좀 더 복잡하다. 사실 연구가들은 아직도 작업 기억의 정확한 규모를 두고 논쟁을 벌이고 있다.[4] 과연 작업 기억을 개념화하는 최고의 방법은 그릇 은유(Container Metaphor)일까?

영국의 심리학자 앨런 배들리(Alan Baddeley)와 동료 학자들은 작업 기억이 단순히 보거나 들은 것을 임시로 저장하는 것 그 이상의 기능을 한다고 생각했다. 그래서 이들은 1970년대에 연구 프로그램을 출시해 지금까지 이어오고 있다. 학자들은 일련의 연구를 통해 작업 기억이 단일 구조가 아니라 여러 가지의 인지 하위 부분으로 구성되어 있다는 점을 밝혀냈는데, 이 책의 목적에 맞는 가장 중요한 인지 하위는 중앙 관리자(Central Executive)이다.[5]

앞서 본 것처럼 작업 기억은 몇 개의 동전이 들어 있는 지갑으로 개념화할 수 있다. 하지만, 배들리는 이와 대조적으로 작업 기억을 정신적인 내용물이 활발히 만들어지는 작업대라고 설명한다. 장기 기억에서 가져온 정보를 저장소에서 꺼내 작업 기억으로 불러오면 당면한 문제를 처리하는 데 도움이 된다(앞서 살펴본 전화번호 예시에서 미국 역사와 관련된 지식을 활용하는 것처럼). 장기 기억에서 정보를 꺼내거나 저장하는 일은 중앙 관리자가 하는 역할이다.

나이가 들어가면서 여러 가지 일들로 집중력이 쉽게 분산되는 것을 느낄 것이다. 식기세척기에서 그릇을 꺼내고 있다가 전화가 울리거나 다른 방에서 들려오는 텔레비전 뉴스로 신경이 쏠리는 것처럼 말이다. 또는 통화를 마쳤거나 뉴스를 다 듣고 난 뒤에 주방에서 그릇을 정리하려던 원래의 목적을 까맣게 잊어버릴 수도 있다. 이런 일은 어느 연령대에서든 발생할 수 있지만, 연구는 중년에 이런 일이 발생하는 원인이 여러 가지 정보를 다루는 중앙 관리자의 능력이 감소하기 때문이라고 지적한다.[6] 회사 중역이 부하직원들의 여러 요구와 의사결정을 내리느라 어려움을 겪는 것처럼 기억 속 중앙 관리자는 너무 많은 일을 처리하느라 바빠서 오류를 일으키거나 잊어버릴 수 있다는 것이다.

연구에 따르면 중앙 관리자의 효용성은 20대에 절정을 이루고 기존의 연구에서 예상한 것만큼 많이는 아니지만, 그 직후부터 감소한다고 한다.[7] 이러한 사실은 성인 외국어 학습자에게 큰 영향을 미친다. 아주 근본적인 언어 생산에 여러 가지 인지 과정이 동시에 개입되기 때문이다. 말을 할 때 무슨 말을 할지 생각하고 기억 속에서 적절한 단어를 꺼내오는 동시에 듣는 사람의 얼굴을 살피며 제대로 이해했는지 그렇지 않은지 확인해야 한다. 이 과정이 모국어로서는 별다른 무리 없이 진행되겠지만, 외국어를 구사할 때는 중앙 관리자에게 심각한 인지 부하(Cognitive Load, 일을 완수하는 데 꼭 필요한 정보의 양)가 발생할 수 있다.

중앙 관리자의 변화 역시 새로운 언어를 습득하는 과정에서 영향을 준다. 공부를 하는 동안 집중력이 흐트러지지 않도록 노력하면 인지 부하를 줄일 수 있다. 컴퓨터로 외국어 연습을 하면서 이메일을 확인하기는 아주 쉽지만 이런 식의 유혹에 빠지지 않도록 하는 것이 최선이다. 우리는 모두 자신이 뛰어난 멀티플레이어라고 믿고 있지만 사실 여러 가지 일을 동시에 하는 능력은 우리가 생각하는 것만큼 출중하지 않은데다가 시간이 흐르면서 감소하게 된다.[8] 더불어 대부분의 외국어 교재는 고등학생과 대학생을 대상으로 만들어졌기 때문에 40대나 50대가 보기에는 적절하지 않다. 젊은 층을 공략하고자 만든 여러 소리가 가미된 멀티미디어 학습법은 집중력을 흩트릴 뿐 도움이 되지 않는다.

깊게 생각하라

과거의 경험을 떠올리는 우리의 능력은 꽤 훌륭하지만 알다시피 상당히 변덕스럽기도 하다. 왜 우리는 주차한 곳처럼 중요한 장소를 기억하는 데 어려움을 겪으면서도 몇 년 동안 듣지 않았고 심지어 좋아하지도 않는 노래 가사는 쉽게 기억할까? 왜 어떤 것은 기억에 '들러붙어' 떨어지지 않는 것 같고 다른 것들은 그렇지 못할까?

여기서 중요한 부분은 나중에 우리가 기억하려고 하는 정보에 대해 어떻게 생각하느냐에 달렸다. '정보처리의 깊이(Depth of Processing)'라는 접근 방식에 따르면 나중에 기억나게 하는 결정 요인 중 하나는 무언가를 배울 때 실행하는 정신적인 운영 방식이라고 한다. 고전적인 실험을 예로 들면, 크레이크(Craik)와 털빙(Tulving)은 참가자들에게 단어를 보여주고 질문을 했다. 참가자들은 핵심 단어를 본 다음 이런 질문을 받는다. "단어가 대문자로 적혔나요?", "단어가 weight와 라임(rhyme)을 이루나요?" 이런 질문은 단어 자체의 피상적인 특징을 토대로 대답하거나(철자가 어떻게 보이고 어떻게 발음되는지 등) 단어에 내재된 의미를 반영하지 않아도 된다. 따라서 이 같은 질문에 대답하려면 얕은 정보처리(Shallow Processing)가 필요하다.[9]

그렇지만, 다른 단어는 그 단어가 지닌 개념의 더 깊은 측면을 반영할 수밖에 없다. 앞의 예시를 이어가 보면 핵심 단어를 본 일부 참가자에게는 "물고기와 관련된 단어인가요?"라고 질문하였지만, 다른 참가자에게는 "이 단어가 '그가 거리에서 ____를 만났다.'라는 문장에 들어가기 적합한가요?"라고 물었다. 이런 질문은 핵심 단어 군의 개념적 특징을 어느 정도 반영하지 않고서는 대답하기가 불가능하다("이 단어 군이 가리키는 것은 하늘 위에 있는 것으로, 호수에서 수영하거나 땅을 걸을 수는 없어").

참가자들에게 일련의 단어와 질문을 보여준 다음 연구가들은 단어를 가지고 들어가 처음 배운 것이 무엇인지 찾아보라고 물었다. 크레이크와 털빙은 참가자들의 기억은 자신들이 참여한 활동의 유형에 기반을 둘 것이라고 예상했다. 단어를 좀 더 깊이 생각하도록 요구받은 참가자들이 가볍게 생각하도록 요구받은 참가자보다 더 기억력이 좋을 것이라고 말이다.

예상한 대로 깊이 있는 정보처리의 효과가 아주 컸다. 대문자로 적힌 단어를 찾는 질문을 받았던 참가자들의 기억력은 상당히 떨어졌다. 그들은 평균적으로 16%의 단어만을 기억했다. 이와 대조적으로 단어가 특정 문장에서 사용할 수 있는지에 관한 질문을 받은 참가자들의 정확도

서론, 외국어를 다시 시작하다

는 상당히 높았다. 그들은 살펴본 단어의 90%를 기억했다.

정보처리의 깊이에 따른 접근 방식에 회의적인 반응을 보이는 사람도 있지만, 인지과학자들은 개념 도식을 하는 유용한 도구로 이 방식을 활용한다.[10] 그리고 이 방식은 새로운 언어를 공부하는 데 큰 영향을 미친다. 많은 학생이 큰소리로 외국어를 읽어야 말하기와 읽기 능력이 향상되고 표현의 유창함도 높아진다고 생각한다. 이렇게 하면 어느 정도 도움은 되겠지만, 피상적인 행위일 뿐이라는 점을 인식해야 한다. 단어를 정확하게 발음하는 데 거의 모든 신경을 집중하기 때문에 문맥을 깊이 파고들지 못하고 문장 속 단어나 내용에 대한 기억도 상당히 열악하다.

마찬가지로 듣고 그대로 따라 하는 행위 역시 얕은 정보처리에 불과하다. 들은 내용을 자신만의 표현으로 바꾸면 소리를 모방하는 데 그치지 않고 말의 의미를 고심하게 되므로 더 효과적이다.

마지막으로 일부 학생들은 단어를 반복해서 적으면 해당 단어를 몸이 확실히 기억하는 '근육 기억(Muscle Memory)'이 생긴다고 믿는다. 그러나 이런 반복은 그저 피상적인 활동이라 장기 기억에 한층 튼튼하게 각인시킬 수 있는 깊은 수준의 처리능력을 얻지 못한다. 단어를 의미 단위로 분류하는 작업은 더 깊이 있는 사고를 요한다. 그러므로 독일어를 공부하는 학생이 Schadenfreude라는 단어를 보았다면 그저 반복적으로 써서 외우는 대신 부분을 나누어(Schaden은 상처를 주다, Freude는 기쁨) 단어의 전체 의미('타인의 불행에서 기쁨을 얻다')를 배우고 기억하도록 노력해야 한다.

더 정교해져라

정보처리의 깊이 차이는 사람들이 정보를 기억하는 데 사용하는 두 가지 다른 전략을 구사하도록 유도한다. 전화 교환원에게 번호를 물어보던 시절, 메모할 필기구가 없을 때 사람들은 번호를 듣고 반복해서 따라 했다. 그리고는 마지막 번호를 제대로 누를 때까지 "555-1212, 555-1212, 555-1212"라고 되풀이하는 것이 보통이었다. 물론 이렇게 해도 좋지만, 상대방이 통화 중이거나 전화를 받지 않는다면 상황은 달라진다. 그럴 때면 다시 교환원에게 전화를 걸어 번호를 또 물어봐야 한다(필자인 리처드는 그렇게 해야 할 때 목소리를 꾸며서 자신이 또다시 전화한 것이 아닌 척했다).

분명한 것은 '유지형 시연(Maintenance Rehearsal)'으로 알려진

서른, 외국어를 다시 시작하다

이 전략이 정보를 습득하는 아주 비효율적인 방식임에도 아직도 많은 사람이 새로운 정보를 습득할 때 이 방식을 사용한다. 하지만, 단순히 작업 기억을 활용할 뿐 더 깊이 있는 정보처리로 이어지지 않는다. 그러므로 쉽게 잊히는 것이다.

이와 대조적으로 '정교화 시연(Elaborative Rehearsal)'은 정보를 더 깊은 수준으로 처리해서 작업 기억에서 장기 기억으로 한층 효과적으로 전달한다. 정교화 시연의 전략에는 의미에 집중하는 방식도 포함되어 있다. 예를 들어, 단어를 암기할 때 반복을 통해 작업 기억 속에 붙들어 두려고 하는 것이 아니라 자신만의 표현으로 바꾸어 보고 아는 단어와 어떤 연관이 있는지 혹은 본인과 그 단어를 어떻게 관련시킬지 생각하는 등 한층 정교한 전략을 활용한다. 비록 정교화 시연을 통해 하루에 외우는 단어의 수는 줄어들겠지만, 이 방식이 한층 의미 있게 공부할 수 있도록 해주므로 기억하기도 쉽고 더 정확하게 활용할 수 있다.

더불어 정교화 시연을 할 때 2장에서 설명한 근접발달영역(ZPD)을 고려하는 것도 잊지 말자. 단어, 문법 구조, 관용구와 같은 정보를 회상할 때 일부는 배우기가 한층 수월하다. 가능하다면 이런 부분을 추려 내 정교화 시연으로 결합하면 이미 아는 지식 속으로 새롭게 저장할 수 있다. 새롭게 확장된 이 지식은 더 어려운 수준의 정보를 습득하는 데 도움을 주고 근접발달영역을 확장할 수 있다. 간단히 정리하자면, 아는 것을 정교화할 수 있다는 것이다. 오스벨이 남긴 유명한 조언은 이렇다. "학습에 영향을 미치는 가장 중요한 개별 요인은 학습자가 이미 아는 지식이다. 이를 파악하고 그것에 맞게 가르쳐야 한다."[11]

먼지 쌓인 외국어 교재를 다시 꺼내 들며

예전에 배웠던 외국어를 다시 공부해보려고 이 책을 읽는 독자도 있을 거로 생각한다. 20~30년 전에 고등학교나 대학에서 외국어를 배웠고 지금 해당 외국어를 유창하게 구사하고 싶은 마음이 있을 것이다. 그러나 처음 공부했을 때에서 시간이 상당히 흘렀음에도 그 언어를 다시 시작하는 일을 정말로 재학습(Relearning)이라고 부를 수 있을까? 결국, 그동안 배웠던 모든 것을 다 잊어버린 것처럼 느껴지고 30년이 지나 다시 배우려니 처음부터 시작해야 하는 것 같다. 정말 그런 것일까?

사실 인간의 기억에 대한 최초의 연구는 재학습에 관한 것이었다. 1880년대 초 독일의 연구가 헤르만 에빙하우스(Herman

Ebbinghaus)는 학습과 망각 과정에 대해 연구했다. 무언가를 안다 혹은 그렇지 않다를 결정해야 하는 것이 처음에는 이상하게 들릴 수도 있을 것이다. 하지만, 실제로는 그렇지 않다. 길에서 예전에 알던 사람과 마주친다면 그 사람을 알아볼 수 있지만("낯이 익은데?"), 그 사람을 어떻게 아는지 혹은 이름이 무엇인지는 기억할 수 없을지도 모른다. 다시 말해, 기억에는 인식과 회상이 모두 포함되어 있다. 인식의 경우, 친근한 감정만 있으면 된다("이 사람을 알았던 게 확실해."). 재인 기억(Recognition Memory)은 수십 년이 흘러도 여전히 훌륭한 상태를 유지한다. 반면 회상은 아는 사람의 이름과 같이 정보를 다시 불러와야 하는 관계로 좀 더 힘들다.

에빙하우스는 기억을 측정하는 또 다른 방법을 제안한 것으로 유명하다.[12] 바로 재학습이다. 에빙하우스는 전에 배워본 적이 없는 무언가를 기억하는 것보다 이전에 알았던 무언가를 더 빨리 기억할 수 있다면 그 무언가는 의식적으로 회상할 수 없지만(아는 사람의 이름처럼) 분명히 당신의 장기 기억 속에 보관된 것이라고 주장한다. 지금부터 그가 했던 실험 중 하나를 자세히 살펴볼 것인데 역사적으로도 중요할뿐더러 아주 독창적으로 설계되었으며, 고등학교 때 배웠던 프랑스어를 다시 공부하는 것처럼 재학습에 관한 우리의 본질적인 물음과 직접적인 관련이 있는 것이다.

제일 먼저 에빙하우스는 배울 무언가를 찾아야 했다. 그는 책의 문장처럼 의미 있는 부분을 기억하길 원하지 않았는데, 해당 주제에 관한 사전 지식이나 다른 자료와의 연관성 때문에 결과를 도출하는 데 어려움을 겪을까 봐 염려했기 때문이다. 그래서 완전히 새로운 형식의 기억 자극 요인을 고안하고 활용했다. 그것은 바로 무의미 철자(Nonsense Syllable)다. 무의미 철자는 baf, zup, tej처럼 자음 하나, 모음 하나, 또 다른 자음 하나를 무작위로 조합해 만든 것이다. 이 세 글자 단어는 영어(혹은 독일어)의 어휘가 아니지만, 단어처럼 발음할 수 있고 단어처럼 기억할 수도 있다. 에빙하우스에게 중요한 점은 무의미 철자가 기존 단어와 어떤 연관성도 없으므로 '순수한' 기억 측정용으로 사용할 수 있다는 것이다. 그는 이런 무의미 철자를 수백 가지나 만든 다음, 연구에 사용하도록 카드 위에 기록했다(어떤 면에서는 카드에 적힌 무의미 철자를 기억하는 에빙하우스의 방식이 단어장을 사용해 익숙하지 않은 단어를 외우는 외국어 학습법과 상당히 비슷하다).

2년에 걸쳐 에빙하우스는 자신을 실험 대상으로 160차례 이상 실험을 진행했다. 그의 실험 방식은 이렇다. 카드 중 한 장을 무작위로 뽑고(카드 23번이라 지칭하자) 시간을 기록한 다음 무의미 철자를 공부한다.

어떤 실수도 없이 기억에서 해당 단어를 두 번 언급할 수 있을 정도로 숙지하는 것이 목표다. 실수를 하는 경우 다시 도전할 준비가 될 때까지 철자를 공부했다. 그렇게 목표를 달성하면 걸린 시간을 기록하고 이를 원래 학습 시간(Original Learning Time)이라고 지칭했다.

나중에 그는 같은 목록에 있는 단어를 재학습했다. 그리고 원래 학습 시간과 재학습 시간 사이에 경과한 시간을 다양화했다. 가장 짧은 간격은 20분이고 긴 간격은 한 달이었다. 일주일이 지나고 나서 그가 23번 카드를 다시 공부한다고 가정해보자. 그는 처음 카드를 배웠을 때와 같은 방식으로 정확히 행동한다. 이것을 현재 그의 재학습 시간(Relearning Time)으로 측정하여 목록에 기록했다.

실험 과정을 통해 짐작할 수 있듯이 에빙하우스는 아주 헌신적이고 신중한 연구가였다(또한, 한 가지 일에 쉽게 싫증 내지 않는 성품을 가졌음이 틀림없다). 2년 동안 끈기있게 외우고 암송하며 그는 재학습 프로세스를 설명할 충분한 데이터를 확보했다.

에빙하우스는 원래 학습 시간에서 재학습 시간을 뺀 자신의 성과를 수치화한 다음 백분율로 환산해 보유량(Savings)이라고 불렀다. 그는 수집한 데이터를 보다가 대부분의 망각이 곧장 일어난다는 사실을 발견했다(**그림 7-1** 참고). 이 망각 곡선은 일련의 무의미한 철자를 완벽하게 숙지한 다음 20분이 지난 후부터 발생하며 그의 보유량이 60%밖에 남지 않았다는 것을 보여준다. 1시간 뒤 이 수치는 36%까지 떨어졌다.

　이런 추세가 계속된다면 그가 며칠 전에 배운 것을 모두 다 잊어버려야 하는 것이 정상이다. 하지만, 그렇지 않았다. 차트를 살펴보면 에빙하우스가 잊어버린 정도는 처음에 급격하게 떨어지다가 점차 안정이 되기 시작했다. 하루가 지났을 때 보유량은 34%로 떨어졌다. 이틀 뒤 28% 수준으로 하락했다. 그리고 엿새가 지나자 남은 기억은 25%로 줄었다. 그 이후 감소세는 에빙하우스가 사용했던 가장 오랜 시간 간격까지 무시해도 될 정도가 되었다. 무의미한 철자를 외운 지 31일이 지나고 나서도 그의 기억력은 여전히 21%를 유지했다(**그림 7-1** 참고).

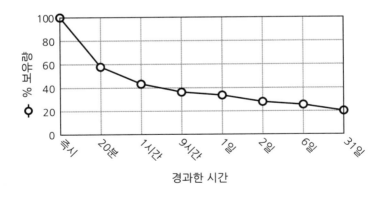

그림 7-1 에빙하우스의 망각곡선

　　　　　　　　　　　　　　　　　　　서론, 외국어를 다시 시작하다

여러 심리학자가 다른 배경, 다른 요소를 활용해 에빙하우스의 연구를 다시 시도해보았지만, 모두가 비슷한 결과를 얻었다. 비록 대부분의 망각은 학습 직후에 나타났지만, 그 내용은 오랜 시간이 흘러도 여전히 남아있었다. 래리 스콰이어(Larry Squire)와 파멜라 슬레이터(Pamela Slater)는 실험 참가자들이 15년 동안(1950년대 말부터 1970년대 초까지) 본 텔레비전 프로그램과 경주마의 이름을 인식하는 정도를 살펴보았다.[13] 에빙하우스가 예측한 것처럼, 이 주제는 정보를 습득한 뒤 시간이 흐르면서 차츰 잊혔다.

이 결과를 어떻게 볼 수 있을까? 이 책에서 살펴본 많은 연구와 마찬가지로 좋은 소식과 나쁜 소식이 있다. 나쁜 소식은 잊히는 과정이 손가락 사이로 모래가 흐르듯 무언가를 보고 난 직후에 가속화되어 새어나가 버린다는 점이다. 좋은 소식은 잊어버리는 속도는 시간이 지나면서 점차 느려진다는 점이다. 물론 이 결과가 망각을 측정하는 한 방식에 지나지 않는다는 사실을 명심하자. 인지 기억은 무언가를 학습하고 수십 년이 지난 뒤에도 여전히 뛰어날 수 있다.[14] 또한, 에빙하우스는 자신의 연구에 무의미한 철자를 사용했다. 외국어의 단어가 처음에는 이처럼 무의미한 철자로 보일 수도 있지만 결국에는 개념과 결합해 무의미하지 않게 되어 쉽게 재학습할 수 있다.

성인 학습자에게 해주고 싶은 말은 어떤 외국어에 노출되었든 간에 그 언어를 다시 배울 때 도움이 된다는 점이다. 비록 고등학교나 대학교에서 배운 해당 외국어 단어가 하나도 기억나지 않는다고 생각하겠지만, 그 경험은 곧 당신이 처음 그 언어를 보는 사람보다 더 빨리 재학습을 할 수 있다는 것을 의미한다.

인지 과부하

이 장의 도입부에서 우리는 인지 부하(Cognitive Load)에 대해 언급했다. 인지 부하란 주어진 시간 내에 얼마나 많은 정보가 작업 기억으로 들어오는지를 의미한다. 우리는 또한 어떤 연구가들이 정보가 작업 기억으로 효과적으로 넘어가는 것을 정확하게 측정하는지 그들의 방식을 살펴보았다. 물론 측정법은 다양하지만 새로운 언어를 배우는 복잡한 과정에서 작업 기억에 엄청난 인지적 요인이 필요하다는 점은 쉽게 알 수 있었다. 작업 기억에 대한 인지 부하가 너무 크면 인지 과부하(Cognitive Overload) 상태가 되어 사람은 더는 작업 기억을 효과적으로 사용해 주어진 과제를 달성할 수 없다. 게다가 인지 과부하 상태를 보완하려고 개인은 과제와 관련된 단순한 측면에 집중하게 되겠지만, 실질적으로는 의미 있는 방식의 학습에 도움이 되지 않는다. 예를 들어, 누군가가 당신이 목표로 삼은 외국어를 아주 빨리 말하는 것을 듣고 있으면 당신은 그 사람이 한 말을 이해하려고 집중하는 것을 포기하고 그저 억양이나 몸짓과 같이 어떤 식으로 말을 하는지 알아차리려고 할 것이다. 그러므로 인지 과부하는 분명히 학습을 방해하는 요인이다.

불행하게도 새로운 언어를 공부하는 모든 사람이 인지 과부하를 경험한다. 이런 상황이 발생하면 그런 일이 발생했다는 것을 인식하는 것이 중요하지 공부를 포기하거나 스스로와 목표 언어 혹은 선생님을 원망해서는 안 된다. 새로운 언어를 배울 때 발생하는 인지 부하를 감당하는 방법이 있다.

언어 내적 요인에서 발생하는 인지 과부하

인지 과부하는 언어의 본질적인 복잡성 때문에 발생한다. 특정한 언어의 내부적 작용을 크게 바꿀 수는 없지만 학습하는 과정에서 발생하는 작업 기억에 대한 수요는 어느 정도 조절할 수 있다.

외국어 학습에서 인지 부하를 관리하는 방법의 하나는 학습을 머릿

속에서 처리할 수 있는 하위 단위로 분류하는 것이다. 예를 들어, 일본어는 읽기가 몹시 어렵다. 하지만, 일본어 읽기는 하위 단위로 나눌 수 있다. 편의점(Convenience Store)을 '콘비니'(コンビニ), 침대(Bed)를 '벳도'(ベッド)라고 하는 것처럼 일본어에는 영어에서 가져온 단어가 20,000개 이상 되므로 일본어 교사들은 종종 학생들에게 이런 단어부터 가르친다. 일본어는 가져온 단어들을 가타카나라고 부르는 특별한 글자로 표시한다. 가타카나는 일본어의 세 가지 표기 중 영어 구사자가 가장 쉽게 배울 수 있는 것으로, 단어의 음을 알게 되면 대개(항상 그런 것은 아니지만) 뜻도 알 수 있다. 인지 부하의 관점에서 보자면 가타카나를 배우는 것이 히라가나(순수한 일본어 표기)나 한자를 익히는 것보다 작업 기억에 부담이 덜하다.

　　그러나 가장 익히기 어려운 한자라도 교사가 학생에게 고유한 의미가 있는 각 부분을 나누어 보는 방식을 가르쳐주면 인지 부하를 줄일 수 있다. 이 기법은 제임스 하이지그(James Heisig)가 저서 《한자 외우기(원제: Remembering the Kanji)》를 통해 옹호하기도 했다. 예를 들어, 한자로 점(占)이라는 글자는 두 가지 요소로 이루어진다. 바로 '입(口)'과 '점 막대기(卜)'다.[15] 이것은 인지 부하를 관리하는 일이 언어 그 자체로 한정될 수 있다는 것을 보여주는 예시다. 밀러의 용어를 사용하자면

점을 의미하는 한자는 다섯 개의 획이 두 개의 덩어리를 이룬 것이므로
단기 기억 혹은 작업 기억의 능력을 향상시킨다.

언어 외적 요인에서 발생하는 인지 과부하

인지 과부하는 또한 학습이 작업 기억에 엄청난 부담을 줄 때도 발
생한다. 그러므로 학습 방식과 같은 것을 따를 때 기법의 각 측면이 어느
정도의 작업 기억을 요구하는지 고려하는 것이 중요하다. 그런 다음 인
지적 요구를 너무 많이 요구하는 부분을 줄이거나 없애야 한다. 인지 부
하를 높이는 외부 요인에는 시간 제약, 동기, 주의 산만을 비롯해 언어 자
체적 요인이 아닌 상황적인 요인들도 포함된다.

인지 과부하가 발생하기 이전에 얼마나 많이 혹은 적게 인지 부하가
일어나는지는 여키스-도슨 법칙(Yerkes – Dodson Law)에 언급된 유
형을 따른다. 여키스-도슨 법칙은 과제를 쉽게 수행하는 데 있어서 인지
부하(혹은 긴장이나 압박 등)가 더해지는 것이 실제로 목표를 달성하는
데 얼마나 도움이 되는지 설명한다. 요약하면 쉬운 과제를 해결하는 일
은 외부 요소의 자극을 받았을 때 실질적으로 향상된다는 것이다.[16]

어느 봄날 네브래스카에서 80번 고속도로에서 운전하고 있다고 상
상해보자. 날씨도 좋고 도로는 원활하고 체증이 거의 없다. 그렇다면 어

떡할까? 평범한 사람이라면 이 상당히 쉬운 과제를 실행하면서 라디오를 들으며 노래를 부르거나 옆자리에 탄 사람과 이야기를 하거나 오디오북을 들으면서 인지 부하를 더할 것이다. 사실 운전이라는 목표는 아주 쉬우므로 외부의 복잡한 요인을 더하지 않는다면 운전하다가 졸지도 모른다고 생각할 것이다. 따라서 외적인 인지 부하를 추가하는 것이 운전이라는 과제를 효과적으로 수행하도록 도와주는 중요한 요인이 되는 것이다.

그런데 갑자기 교통체증이 심해지고 하늘이 어두워지더니 비가 심하게 퍼부어 시야가 거의 확보되지 않는다. 어떻게 할 것인가? 제일 먼저 라디오를 끄거나 옆 사람과 대화를 그만둘 것이다. 물론 이렇게 한다고 해서 비가 멈추거나 교통 체증이 해소되는 것은 아니다. 하지만, 이렇게 하는 이유는 운전이라는 과제가 한층 더 힘들어졌기에 정신을 분산시키는 불필요한 요소들을 제거할 필요가 있기 때문이다. 라디오가 계속 시끄럽게 흘러나오고 친구가 옆에서 계속 이야기한다면 잠재적으로 끔찍한 결과를 낼 수 있는 인지 과부하 상태에 들어설 수도 있다.

또 다른 예시를 살펴보자. 공연에서는 드레스리허설이 대성공이면 본 공연은 그리 좋지 못하다는 속설이 있다. 하지만, 드레스리허설이 엉망이었다면 실제 공연은 아주 잘 될 것이다. 그 이유가 무엇일까? 여키스-도슨 법칙에 따르면 배우와 무대 담당자가 준비를 철저히 했다면 드레스리허설에 부담이 없고 관객이라는 자극이 더해지지 않으니 그다지 노력하지도 않는다. 다음날 관객이 등장하면 더해진 외부 자극 요소가 흥분을 일으켜 공연을 더 잘하게 한다. 다시 말해, 아주 익숙하다면 혼자 연습할 때보다 여러 사람 앞에서 더 잘할 수 있다.

반대로 관객이 없어서 드레스리허설이 잘 되었다면 관객이 등장함으로써 압박감이 심해져 인지 과부하가 나타날 수 있다. 따라서 그리 익숙하지 않다면 여러 사람 앞에서보다는 혼자 할 때가 더 나은 것이다.

이는 언어 학습에서도 마찬가지다. 성인 외국어 학습자에게는 인지 과부하에 도달하기 전에 인지 부하를 얼마나 잘 조절하는 지가 관건이다. 목표 과제가 쉽다면 여러 가지 방식으로 복잡성을 더함으로써 더 나은 성과를 얻을 수 있다. 목표 과제가 어렵다면 불필요한 인지 요구를 높이는 요인을 없애거나 완화하는 법을 찾아야 한다.

종종 언어 학습 환경에서 인지 부하를 높이는 요인을 의도적으로 만들어 학습을 완성하도록 돕는다. 예를 들어, 선생님은 시간 제약을 준 시험을 통해 시간이라는 압박감을 더해서 학생들의 언어 능력이 얼마나 자동으로 발현되는지 보여주게 한다. 시간 제약이 있는 시험은 실질적으로 화자의 성과를 상당히 유창한 수준으로 높여 주지만, 언어 능력이 여전히 부족한 학생들의 성과를 손상시킬 수 있다. 따라서 인지 부하를 높이는 일은 좋다 나쁘다고 단정 지을 수 없다. 과제에 더해진 인지 요구에 대한 개인의 반응은 과제 그 자체, 과제를 실행하는 데 사용된 인지 전략, 개인의 숙련 정도에 달렸다.[17]

대인관계와 관련된 요인 또한 인지 요인에 부담으로 작용할 수 있다. 예의를 갖추는 것처럼 일상적인 과업에도 의도하지 않은 혼동이나 오해를 일으키지 않도록 하는 추가적인 정신 과정이 요구된다.[18] 이와 비슷하게 항상 새로운 사람을 만날 기회를 찾는 외향적인 사람이라면 쇼핑센터에서 모르는 사람에게 다가가 대화를 나누는 것과 같은 행위는 쉽고 즐거울 것이므로 목표로 하는 외국어로 대화를 하는 복잡한 요소를 더한다고 해도 이것이 인지 과부하라고 느끼지 않을 것이다. 하지만, 이런 행동을 끔찍이 싫어하는 사람이라면 가중된 스트레스(천성적으로 숫기가 없는 것을 극복해야 하거나 부끄러움을 느끼는 등)로 인지 과부하의 상태에 들어설 수 있다. 이런 경우 불필요한 외부 요인(모르는 사람들과 대화를 해야 하는 상황)이 인위적으로 언어 과제(실질적인 주요 목표)에 엄청난 감정적 부하를 가져와 개인의 작업 기억 능력에 과부하를 가져오고 실질적으로 거의 학습이 이루어지지 못할 것이다.

언어 학습 과제를 구상하거나 평가할 때 해당 과제에 필요한 인지 부하에 대해서도 생각하는 것이 중요하다. 언어 자체에 본질적으로 발생하는 인지 요구와 외부에서 발생하는 요인을 구별하도록 해야 한다. 인지 부하에 있어서 특정 언어 학습 과제가 옳다 그르다 할 수 없지만, 일부는 다른 것보다 더 작업 기억에 높은 인지 요구를 부과하므로 개인에 따라 학습 경험을 높이거나 오히려 인지 과부하의 상태에 도달하게 할 수도 있다.

시간을 여행하는 방해꾼

근래에 전화번호를 바꿔야 했던 경험이 있다면 처음에는 번호를 외우지 못해 애를 먹은 기억이 있을 것이다. 친구가 새 번호를 물어보았을 때 기존의 번호가 갑자기 머릿속에 떠오르고 새 번호를 기억하기까지 약간의 노력이 필요할 수도 있다. 이런 짜증 나는 현상은 순행 간섭 (Proactive Interference)이라고 부르는 기억 원칙을 이해하면 알 수 있다. 이는 기존의 학습이 최근에 학습한 것을 떠올리는 능력을 방해하는 것을 의미한다. 기존의 학습과 새 학습이 유사할수록 더 큰 방해를 겪게

된다.[19]

수많은 연구가 순행 간섭의 힘을 보여주었다. 대부분의 연구가 대학생을 대상으로 진행되었는데, 젊은 성인조차도 순행 간섭으로 어려움을 겪었다. 실험에서 참가자들은 유사한 항목이 담긴 목록을 기억해야 했다. 이 목록('목록 A'라 부르기로 하자)은 사자, 기린, 코끼리와 같은 단어로 이루어져 있다. 목록 A를 익히고 난 뒤 참가자들은 얼룩말, 영양, 가젤과 같은 단어가 들어 있는 두 번째 목록(목록 B)을 외운다. 목록 B를 외운 다음 참가자들에게 이와는 다른 무관한 과제를 주고 잠시 뒤 목록 B를 기억해내도록 요구한다. 예상한 것처럼 기억해내기가 쉽지 않았는데, 두 목록에 있는 단어들이 비슷했기 때문이다(아프리카 대초원에 사는 동물들). 기존의 전화번호와 마찬가지로 목록 A에 있던 동물이 참가자의 의식에 간섭해 목록 B에 있던 동물 이름을 기억하기 어렵게 만들었다. 이제 이들에게 또다시 아프리카 동물 이름이 담긴 목록 C를 외우라고 하면 어떤 일이 벌어질지 생각해보자. 결과는 상당히 부정적이다!

흥미로운 사실은 이런 간섭 효과가 역으로도 발생할 수 있다는 점이다. 누군가가 당신의 현재 전화번호를 묻는다면 충분히 대답할 수 있을 것이다. 하지만, 여기에 기존 번호까지 물어본다고 하면 기억하는 데 조금 어려움을 겪을 것이다. 이 상황에서 새로운 학습(현재의 전화번호)

이 기존 학습(과거의 전화번호)을 방해하는 요인이 된다. 이를 역행 간섭 (Retroactive Interference)이라고 부른다. 삼류 공상과학영화 속 배역처럼 새로운 학습은 과거의 시간으로 돌아가 앞서 배웠던 정보를 찾는 데 어려움을 겪게 한다.

외국어 학습자는 간섭 효과를 일으키는 요인이 무엇이며 이런 상황을 겪을 때 어떻게 해야 하는지 이해하는 것이 중요하다. 스페인 명사 목록을 외우면서 여러 차례 잊어버리고 실수하게 되면 좌절감을 느낄 수도 있다. 하지만, 포기하는 대신 형용사나 동사와 같은 다른 단어 군을 공부하는 것으로 방향을 틀거나 문법 등 완전히 다른 부분으로 넘어가는 것도 방법이다. 그리고 다시 명사를 외우려고 할 때 기억력이 향상된 것을 느낄 것이다. 연구가들은 이처럼 학습 분야를 바꾸고 나서 성과가 향상된 것을 두고 순행 간섭 해제(Release from Proactive Interference)라고 지칭한다. 그러므로 짧은 시간에 여러 가지 분야를 공부하는 것이 긴 시간 같은 분야를 파는 것보다 더 효과적이다. 예를 들어, 30분 동안 단어를 외우고 나서 30분 동안 문법을 공부하는 것보다는 15분마다 교대로 단어와 문법을 공부한 다음 휴식을 취하는 것이 좋다.

과거에 힘들여 익힌 지식이 현재나 미래의 새로운 학습 노력을 방해한다는 사실이 이상하게 느껴질 수도 있다. 하지만, 이는 반쯤 찬 유리잔을 볼 때의 태도와 마찬가지다. 간섭을 경험하는 것은 이미 장기 기억에 엄청난 정보를 담고 있다는 것을 의미한다. 당신은 그저 평범한 성인 외국어 학습자가 아니라 지식이 있는 성인 외국어 학습자인 것이다. 이 과거의 학습 경험이 당신을 방해하지 않고 제대로 작용되게 하는 것이 관건이다. 무엇보다도 이런 기존의 지식을 가지고 있다는 것에 감사하고 잊지 않고 있다는 것을 기뻐해야 한다. 시간이 지나면 장기 기억에 저장된 정보는 희미해지지만, 어느 정도로 잊어 버렸는지 느끼건 간에 이 장 초반에서 말한 것처럼 재학습은 항상 첫 학습보다 빠른 법이다. 고등학교 때 스페인어를 배우고 20년 뒤에 다시 공부하기로 했다면 자신은 전혀 그렇게 느끼지 않더라도 전에 배운 경험이 없는 사람보다 확실히 유리한 것이 사실이다.

그런데 지금 다른 언어를 배우고 싶다고 가정해보자. 우선 미약하나마 순행 간섭을 경험할 수 있다. 일례로 기존에 배웠던 스페인어가 새로운 언어 학습을 방해할 수 있다. 새로운 언어를 배워가는 과정에서 더 많은 언어적 정보를 습득하고 문화적 지식과 문맥적인 단서를 얻게 되면 기존에 학습한 정보가 간섭하는 비중은 점점 줄어들 것이다. 활발히 배운 것처럼 활발하게 잊을 수는 없으므로 간섭은 일반적이고 예상된 일이다. 그러므로 간섭이 생겨 자신을 질책하기보다는 메타인지 기술을 활용해 기존의 지식과 경험을 새로운 언어 학습에 활용할 수 있도록 해보자. 전에 스페인어를 배웠고 지금은 이탈리아어를 배운다면 로망스어에 관해 당신이 일반적으로 아는 부분을 시기적절하게 이탈리아어에 적용시키면 된다. 현재 중국어를 공부한다면 이 같은 언어적 공통점을 활용하기가 더 어렵다. 그렇지만, 언어 자체가 아주 다르므로 간섭 역시 적을 것이다.

일상에서 지속적으로 새로운 정보를 습득하기 때문에 노년층이 청년층보다 기억 과제에서 더 많은 간섭을 경험하는 것은 당연한 일이다. 나이가 들수록 더 많은 정보를 습득하기 때문에 이런 일이 종종 발생한다. 그러나 이런 상황에서도 좋은 소식은 있다. 리사 에머리(Lisa Emery), 샌드라 홀(Sandra Hale), 조엘 마이어슨(Joel Myerson)은 노년층일수록 간섭이 더 커질 것이라고 예상했지만, 젊은이나 노년층이나 모두 순행 간섭 해제를 겪는다는 사실 역시 입증해주었다.[20] 그러므로 단어나 문법을 공부할 때 더 많은 실수를 겪게 된다면 실망하지 말고 다른 영역을 공부하는 것이 좋다.

8

기억을
제대로 활용하기

"잠깐만, 말하지 말고 있어봐."

널리 알려진 기억에 관한 고충 중 하나는 설단 현상(Tip-of-the-tongue Phenomenon, TOT)이다. 설단(舌端) 현상은 무언가를 알고 기억에서 거의 끄집어 내는 데는 성공했지만, 어떤 이유에서인지 입 밖으로 나오지 않고 혀끝을 맴도는 현상을 지칭한다. 연구가인 로저 브라운(Roger Brown)과 데이비드 맥닐(David McNeill)은 TOT를 '재채기가 나오려고 하는 것 같은 약한 정도의 고통'이라고 언급했다.[1] 대화를 하면서 친구가 배우의 이름과 같은 사소한 것을 기억하려고 애쓰는 모습을 본 적이 있을 것이다. "있잖아, 그 70년대 〈슈퍼맨〉 영화에 나왔던 남자 말이야. 말에서 떨어지는 사고로 식물인간이 되었잖아. 그리고 나중에

서론, 외국어를 다시 시작하다

연구 재단을 세웠던…너도 알잖아, 키 크고 잘생긴…이름이 뭐였더라?"
(그 남자가 누군지 알아내려고 애쓸 독자를 위해 말하자면 그는 크리스
토퍼 리브(Christopher Reeve)다.)

TOT는 역설적인 특성 때문에 인지과학자들이 상당히 주목하는 분
야다. 많은 정보를 기억하면서도 왜 그 사람의 이름은 떠올리지 못할까?
다행히 연구실에서 참가자들에게 TOT 상황을 경험할 수 있게 하는 일
은 아주 쉽다. 브라운과 맥닐은 참가자들에게 특이하거나 잘 안 쓰는 어
휘의 사전적인 정의를 알려주니 그들이 TOT 상태를 자주 겪는다는 점을
발견해냈다.

브라운과 맥닐의 연구 결과에 대해 설명하기에 앞서 당신이 다음과
같은 상황에 부닥칠 수 있는지 우선 알아보자. 세 가지 가능성이 있다.

(a) 당신은 무엇을 설명하는지 전혀 알지 못하고 친밀함도 느끼지 못한다. 아주 드물
고 특이한 용어라서 이런 기분이 상당히 자주 들 것이다. 그냥 다음 설명으로 넘
어간다.

(b) 설명하는 사물이나 개념에 대해 알고 그 이름을 말할 수 있다. 이런 경우 자신의
어휘력에 스스로 놀라면서 다음 설명으로 넘어간다.

(c) 그 단어를 알 것 같은데 콕 집어 말할 수 없다. 이 상황에 부닥치면 추측을 하게 될
것이다. (1) 그 단어가 긴 단어였는지 짧은 단어였는지 (2) 음절이 몇 개였는지 (3)
첫글자가 무엇이었는지 말이다. 모두 확신할 수 없지만, 추측은 할 수 있다.

브라운과 맥닐은 하버드대 학부생들을 대상으로 질문지를 나눠준 다음 전체의 약 13%가 TOT를 경험했다는 사실을 발견했다. 결과를 분석할 때 브라운과 맥닐은 참가자들이 앞서 보여준 세 가지 추측에 따라 잘 반응했다는 점을 알아냈다. 짧은 단어는 짧다고 기억했고 음절의 대략적인 길이도 상당히 정확하게 기억했으며 여러 차례 단어의 첫 글자를 맞췄다.

이 연구의 경우 참가자들의 오답조차도 흥미롭다. 일부 참가자들의 특정 질문에 대한 답은 뜻은 다르지만, 정답과 음절의 개수가 같고 발음도 비슷했다. 이 발견을 통해 연구가들은 장기 기억이 구축되는 과정에 대한 가치 있는 단서를 얻을 수 있었다. 발음이 비슷한 단어는 장기 기억에 나란히 저장되며 이런 특성 때문에 뜻이 다름에도 기억할 수 있게 해주는 것이다.

성인 외국어 학습자는 이 연구를 통해 수많은 중요한 메시지를 얻을 수 있다. 첫째, 하버드대 학부생조차도 설단 현상을 경험한다는 사실에 안심하며 자신에게 이런 일이 일어나도 좌절할 필요가 없다는 점이다. 실제로 참가자들이 자신의 TOT 경험을 기록하는 일기 연구(Diary Studies)에 따르면 이런 상황은 청년층에게는 일주일에 한 번, 노년층에게는 하루에 한 번 발생하는 것으로 나타났다.[2]

서론, 외국어를 다시 시작하다

다시 한 번 말하지만, 이 같은 발견은 개인의 관점에 따라 부정적으로 혹은 긍정적으로 볼 수 있다. 이런 상황이 평생에 걸쳐 빈번하게 등장하는 것은 확실하지만 그렇다고 전반적인 기억력 감소의 증거로 보기에는 적절하지 않다. 비록 다양한 지식을 가졌다고 더 자주 설단 현상을 겪는 것은 아니지만, 그럼에도 TOT 현상 때문에 바로 입 밖으로 꺼낼 수는 없으나 기억 속에는 들어 있다는 점을 분명히 알아야 한다.[3] 이런 경험은 종종 단어가 의식적인 자각으로 들어오기 전에 발생하므로 '설단 현상'을 믿는다면 그런 현상이 발생하도록 허락하는 참을성을 지니기만 하면 된다.

연습만이 완벽해지는 길인가?

외국어를 제대로 정복하기 위해 중요한 부분은 독해, 작문, 회화, 청취 연습을 하는 것이다. 집중적인 연습이란 많은 사람이 고등학교 독일어나 불어 시간에 했던 무조건적인 암기를 떠올린다. 대부분 학생은 이런 방식을 아주 힘들고 지루한 일이라고 생각하기 때문에 해당 과목에 대한 흥미를 완전히 잃기도 한다.

그렇지만, 힘들어도 이 같은 연습은 꼭 필요하다. 이 방식을 외국어 학습 목표에 반영하면 도움이 될 것이다. 중요한 점은 외국어를 공부하면서 많은 시도를 하겠지만, 원어민처럼 유창해질 필요는 없다는 사실이다. 스웨덴어를 배우게 된 동기가 아내의 먼 친척들과 사교적인 대화를 주고받으려는 것이라면 몇 달 동안 집중적으로 공부하는 것만으로 충분히 목표를 달성할 수 있다. 하지만, 그렇다고 하더라도 연습은 중요한 부분이다. 이 장에서 우리의 목표는 연습과 전문 지식에 대한 인지과학 연구를 살펴보고 가능한 한 효과적이고 생산적인 연습을 할 수 있도록 시간을 배분하는 방법을 알려주는 것이다. 그러므로 '힘들게'가 아닌 '영리하게' 공부하는 법을 배울 수 있을 것이다.

전문가가 된다는 것은 무슨 의미일까? 전문 지식에 관한 연구가 인지과학의 전체 하위 영역을 모두 포함한다는 사실을 알면 놀랄 것이다. 연구가들은 전문 지식을 어떻게 얻는지 이해하기 위해 다양한 분야에서 업적을 이룩한 개인들을 조사했다. 우리는 이 책을 쓰면서 자신이 외국어 학습에 취약하다고 주장하는 많은 사람과 이야기를 나누었다. 그렇지만, 이런 선입관은 고등학교나 대학에서 겪었던 부정적인 경험 때문이었다. 이런 식의 합리화가 보편적인 믿음을 구성한다. 한번 무언가를 잘못하면 영원히 잘못할 것으로 생각해 부정적인 자기충족적 예언을 만들어내는 것이다.

광범위한 학습의 한 분야로 체스를 들 수 있다. 체스는 각 선수의 실력을 객관적으로 측정한 순위가 있으므로 체스 전문가를 찾아내는 일은 비교적 쉽다. 이와 비슷한 다양한 시스템(Elo와 USCF 시스템 등)이 있지만, 기반은 같다. 즉, 나보다 순위가 높은 상대와 경기를 해서 내가 이기면 내 순위는 올라가고 상대는 내려간다. 여러 경기와 시합에서 수년간 대결을 한 뒤 체스 선수 중 소수만이 '그랜드마스터(Grandmaster)'의 자리에 오른다. 이들을 개별적으로 연구해보니 평범한 사람들이 생각하는 것과는 전혀 달랐다.

체스 그랜드마스터에 대한 보편적인 생각은 고도의 지능과 뛰어난 기억력을 가진 사람들이라는 것이다. 그들이 체스를 잘 두는 것은 수십 수를 미리 예측할 수 있기 때문이다(이들은 또한 집착이 강하고 사교성이 없지만 이런 부분은 우리의 목적과는 거리가 멀다). 연구가들이 1940년대에 체스 그랜드마스터를 연구하기 시작했을 때 그들이 평범한 지능을 가지고 있으며 체스를 제외한 모든 부분에서 평범한 기억력을 보인다는 점을 발견했다. 또한, 수십 수를 미리 예측하지도 않았다. 상대가 보일 수 있는 가능한 모든 수를 다 파악할 수 없기 때문에 그런 장기 전략을 실행할 수 없는 것이다.

그렇지만, 체스 분야에서 이들 전문가의 기억력을 살펴보니 특별한 능력이 있다는 점이 금세 드러났다. 실제 경기의 한 장면을 보여주니 체스 전문가들은 말이 12개이든 24개이든 관계없이 빠르고 정확하게 말을 재배치했다. 물론 체스 초보자는 이 과제를 제대로 해내지 못했다.[4]

체스 전문가들은 어떻게 이렇게 할 수 있을까? 앞 장에서 다룬 것처럼 분산된 사물을 의미 있는 유형으로 조직하는 능력이 여기서 중요하다. 예를 들어, 체스 경기에서 계속해서 등장하는 아주 보편적인 유형은 세 개의 폰(Pawn)을 나란히 세운 뒤에 킹(King)을 배치하는 것이다. 초보 선수는 작업 기억 속에 개별적으로 이 항목을 기억한다. 그러나 전문가는 이것을 하나의 덩어리로 인식해 작업 기억 능력을 엄청나게 높였다. 가장 중요한 부분은 체스 전문가와 초보 모두 패가 무작위로 펼쳐져 있을 때에는 재배치하는 데 어려움을 겪었다는 사실이다. 이런 상황에서 체스 전문가는 덩어리로 기억하는 능력의 도움을 받을 수 없다.

연구가들은 또한 한 체스 전문가가 얼마나 많은 조합을 곧장 인식하는지 측정해보았다. 전문가가 기억하는 유형의 수는 50,000~100,000개 사이였다. 이 정도로 유형을 익히려면 대략 10,000시간의 공부와 연습이 필요하다. 흥미로운 점은 전문성을 얻는 데 필요한 시간이 말콤 글래드웰(Malcolm Gladwell)의 《아웃라이어(Outliers)》에서 밝힌 내용과 일치한다는 사실이다. 그렇지만, 이 점에 대해 브룩 맥나마라(Brooke Macnamara)와 동료가 시행한 최근 연구에 의하면 정확한 실행의 효과는 주제에 따라 달라진다고 한다.[5]

연습이 가장 중요하다는 믿음은 전문가와 비전문가 사이에 근본적인 차이가 없다는 주장을 제기한다. 전문가들은 단순히 해당 분야에 대한 강렬한 호기심과 애정을 가지고 시간을 들여 높은 수준의 성과를 얻은 개인이다. 비록 이 결론은 논란의 여지가 있지만, 전문 지식을 얻고 싶어 하는 우리 같은 사람들에게는 희망이 되어준다. 궁극적으로 전문 지식은 누구나 얻을 수 있다는 생각만으로도 충분한 격려가 된다.

그렇다고 하더라도 외국어를 배우는 데 10,000시간씩이나 투자할 여유는 없다고 말할 것이다. 아주 유용한 수준의 유창함을 얻으려고 전문가가 될 필요가 없다는 점을 기억하라. 그럼에도, 꾸준한 연습이 중요하다는 점은 여러 연구를 통해 밝혀졌다.

더 구체적으로 살펴보기에 앞서 단순한 실험을 하나 해보자. 고3 때 같은 반 친구의 이름(이름과 성 모두)을 몇 명이나 기억하고 있는지 알아보자. 3분의 2 혹은 절반 정도 알고 있다고 생각할 수도 있다. 그렇다면 이제 종이 한 장을 꺼내서 이름을 적어보자. 시간은 충분하다.

실제로 이 실험을 해보면 정작 적을 수 있는 이름이 몇 개 되지 않는 다는 사실에 실망할 것이다. 친한 친구나 반에서 유명했던 친구의 이름 은 곧장 적을 수 있을 것이고 다른 몇 명정도 더 기억할지도 모른다. 하지 만, 대부분 사람은 상당히 적은 수의 이름만 기억하는 데 그친다.

이 실험은 해리 바릭(Harry Bahrick)이 처음 고안해냈다. 그는 사 람들이 수십 년 동안 기억하는 아주 긴 장기 기억 습득에 흥미가 있었다. 이 주제를 연구하는 데 있어서의 어려움은 우리 대부분이 기억이 완전하 거나 정확한지를 결정해줄 폭넓은 기록을 보유하고 있지 않다는 점이다. 누군가가 2009년 11월 5일에 점심으로 무엇을 먹었느냐고 묻는다면 샐 러드를 먹었는지 샌드위치를 먹었는지 확인할 방법이 전혀 없다.

바릭은 거의 모든 사람이 10대 후반에 관한 구체적인 기록의 하나 로 고등학교 졸업 앨범을 가지고 있다는 점을 알아차리고 이 문제를 다루 었다. 그는 여러 사람에게 자신의 연구실로 졸업 앨범을 가지고 오라고 한 다음(안을 들여다보지 않은 상태로), 우리가 방금 한 실험과 같은 과 제를 수행하도록 했다. 최대한 많은 동급생의 이름을 기억하도록 요구한 것이다.

당신이 실제로 이 실험을 해보았다면 바릭의 결과가 그다지 충격적 으로 다가오지 않을 것이다. 그는 고등학교를 졸업한 지 평균 48년이 지난 노령 참가자들은 전체 반 친구의 약 6% 정도만 기억하는 것을 알아냈다. 그렇지만, 흥미로운 점은 상당히 최근에 졸업한 참가자(평균 3개월)라도 성과가 그리 좋지 않았다는 점이다. 대략 15%의 이름만 기억하는 것으로 나타났다.[6]

어떤 점에서 이 실험은 상당히 당황스럽다. 아주 중요한 인생의 순간에서 같이 울고 웃었던 친구들을 기억하지 못하는 것이 아닌가. 게다가 무엇보다도 결과가 정확한 것 같지 않다. 당연히 반 친구의 이름을 더 많이 기억할 수 있다. 그 직관은 정확하다. 바릭이 참가자들에게 같은 반에 속한 사람 네 명의 이름을 알고 있는지를 물었을 때는 성과가 상당히 뛰어났다. 고등학교를 졸업한 지 3개월이 된 사람들은 거의 90%의 이름을 인식했다. 그리고 졸업한 지 35년까지 아주 높은 인식률(80~90%)을 보였다.

이 연구에서 얻을 수 있는 교훈은 기억을 평가하는 일은 그 기억을 어떻게 측정하느냐에 따라 크게 달라진다는 것이다. 실제로 당신은 친구들의 이름을 잊어버린 것이 아니다. 그저 곧장 기억해내는 데 어려움을 겪을 뿐이다. 그렇지만, 친숙하지 않은 다른 이름과 함께 섞여 있더라도 제대로 골라낼 수 있다.

바릭은 고등학교에서 배운 스페인어에 대한 기억을 대상으로 비슷한 실험을 시행했다.[7] 참가자들은 해당 영어 단어의 스페인어를 즉시 기억해내는 데는 어려움을 겪었지만, 객관식 시험에서는 정확하게 단어를 골라냈다. 이 결과는 실험하기 전까지 최대 3년 동안 스페인어를 배운 개인을 대상으로부터 도출한 것이다. 이뿐만 아니라 스페인어를 공부한 정도와 수업에서 얼마나 잘했는지도 고려대상이 되었다. 다시 말해, 스페인어를 오래 공부한 사람일수록 성적이 더 좋았고 정보를 불러내는 능력이 더 뛰어났다.[7]

바릭은 이 인상적인 성과를 바탕으로 잊지 않고 25년 이상 견고하게 지속하는 기억의 영구화(Permastore) 개념을 제안했다. 그는 오랜 세월에 걸쳐 생성된 기억은 대부분 영구화된다고 설명했다. 그렇지만, 기억이 영구화되려면 두 가지 요건을 충족시켜야 한다.

첫째, 반드시 지속적으로 정보를 습득해야 한다. 예를 들어, 바릭은 참가자들에게 스페인 단어 feliz의 의미를 골라보라고 요청했다. 참가자들은 영어 단어인 '행복(happy)', '잘못(fault)', '발(feet)', '새로운(new)', '깨끗한(clean)' 중에서 선택해야 했다. 왜냐하면, feliz는 잘 알려진 스페인어라서 학생들에게 반복적으로 노출되었을 것이기 때문이다. 이 말은 즉 feliz는 지속적으로 습득한 스페인어이므로 의미를 기억하고 있을 가능성이 컸다는 의미이다(궁금한 독자를 위해서 말하자면 feliz

는 '행복'이라는 뜻이다).

지속적인 습득에 대한 개념은 에빙하우스가 가장 먼저 설명했고 수많은 관련 연구가 그 중요성을 증명했다. 그러므로 단어를 익히고 외웠으므로 이미 알고 있다고 주관적으로 느낀다고 해도 정기적으로 복습하는 것이 좋다. 계속적인 복습은 이 단어를 영구화할 수 있도록 도와준다.

영구화에 필요한 다른 요소인 분산 학습에 대해서는 이미 대략 살펴보았다. 분산 학습은 시간 차를 두고 노출한다는 의미다. 고등학교 시절을 다시 떠올려보면 특정 과목의 내용을 기억하지 못해서 벼락치기로 시험공부를 했던 적이 있을 것이다. 비록 이런 식의 학습은 짧은 시간에는 효과적이고 전혀 공부를 하지 않는 것보다는 낫지만, 영구적인 기억으로 형성되지는 못한다.[8] 예를 들어, 다음 주에 10시간 동안 외국어를 공부할 생각이라면 이틀 동안 5시간씩 공부하기보다는 하루에 90분씩 공부하는 편이 훨씬 더 낫다. 이틀 동안 5시간씩 공부하는 것이 전혀 하지 않는 것보다는 낫지만, 시간을 가장 잘 활용하는 방법은 아니다. 긴 시간 동안 연습과 정보 재획득을 한다면 다음 한 가지를 꼭 기억해야 한다. 천천히 꾸준히 달리는 것이 곧 이기는 법이다.

자신과 관련된다면 더 오래 기억된다

당신이 심리학 실험에 참여한다고 상상해보자. 컴퓨터 화면에 차례로 보이는 단어를 읽고 이해한다. 그리고 각 단어에 대한 질문에 대답해야 한다. 화면에 '이기심(selfish)'이라는 단어가 등장했을 때 "이 단어가 대문자로 쓰여 있습니까?"와 같은 질문을 받게 된다. 잘 따르는 참가자라면 '아니오'에 해당하는 버튼을 누를 것이다. 다른 참가자에게는 이렇게 질문할 수도 있다. "weight와 라임을 이루는 단어인가요?" (그렇다면 대답은 '아니오'다) 혹은 "물고기의 일종인가요?" (역시 대답은 '아니오'다). 일부 참가자는 이런 질문을 받는다. "저 단어가 당신을 설명하는 말인가요?" 이처럼 단어와 관련 질문에 쭉 대답한 뒤에 예상치 못한 과제를 준다. 최대한 많은 단어를 기억해내야 하는 것이다.

이런 질문이 단어를 기억하는 데 영향을 미친다고 생각하는가? 정보처리에 관해 다루었던 앞부분을 떠올린다면 "그렇다."라고 대답할 수 있을 것이다. 알다시피 단어가 대문자로 적혀 있는지에 관한 지문은 목표 단어를 인식하는 데 거의 도움이 되지 못한다. 마찬가지로 두 단어의 라임에 관한 지문 역시 별다른 성과를 내지 못한다. 이 두 사례 모두 앞서 살펴본 것처럼 이 단어들이 얕은 정보처리를 활용해 대답하는 관계로 충분히 예상할 수 있는 것들이다. 반대로, 참가자들이 해당 단어에 대해 더 심도 있게 생각해야 하는 경우(이기심(Selfish)이 물고기의 일종이 아니라고 인식한 경우) 더 나은 성과를 보였다. 그렇지만, 단어를 가장 잘 기억한 경우는 본인 스스로와 연계해 생각해보았을 때였는데, 이 현상을 자기 참조 효과(Self-reference Effect)라고 부른다.[9]

그렇다면 자기 참조 효과는 자신과 관련지어서 생각했을 때의 결과인가, 아니면 단어가 누구든 사람과 관련된 경우 비슷한 효과를 얻을 수 있는 것일까? 방금 설명한 상황처럼 자기 참조 조건을 활용한 추가 연구가 진행되었는데 여기에는 '타인 참조(Other-reference)' 조건 역시 포함돼 있다. 참가자들에게 많이 알려져 있지만, 개인적으로 알지 못하는 타인과 관련해서 단어를 생각해보도록 요구했다. 이런 여러 연구에서 지정된 타인은 1960년대 초부터 매주 저녁 방영된 텔레비전 토크쇼에 등장한 사회자인 자니 카슨(Johnny Carson)이었다. 그는 참가자들이 곧장 알아볼 수 있지만, 실질적으로는 잘 알지 못하는 인물이기 때문이다(카슨은 지금의 유명인사들과는 달리 자신을 드러내는 데 상당히 신중하다). 연구자들이 두 가지 조건에서 참가자들이 단어를 인식하는 법을 비교해보니 카슨과 관련해서 단어를 기억한 사람보다 자신과 연관지어 생각한 사람이 더 많은 단어를 기억해냈다. 다시 말해 타인과 관련해서 생

각한 것보다는 자기 참조 효과가 더 컸다.[10]

자기 참조 효과는 여러 가지 방식으로 설명할 수 있고 관련된 논쟁도 아주 많다. 우선 단어를 기억하는 감성적인 측면도 생각해야 한다. 자니 카슨이 이기적인지 상당히 호의적인지는 전혀 상관이 없다. 그렇지만, 단어를 자신과 연관시켜 생각할 때는 질문에 여러 가지 감정이 들어간다(독지가로서 자신에 대한 자부심, 혹은 우편으로 받은 후원 안내장을 가차없이 버린 죄책감 등).

두 번째이자 더 중요한 부분은 자아의 본성과 관련된다. 지금 외국어를 배우며 고전하는 중이지만 다음과 같은 위안을 얻을 수 있다. 적어도 한 분야에서는 전문가이고 그것이 당신의 인생이라는 사실이다. 어쨌든 당신을 가장 잘 아는 사람은 본인뿐이다. 비록 이 말이 자만하는 것처럼 들릴지도 모르지만, 그것은 사실이고 기억에 큰 영향을 미친다. '이기심'이라는 단어가 자신을 설명하는 말인지에 관해 질문을 받는다면 지난주 동료에게 점심을 쏜 것("봐, 난 이기적이지 않아!")이나 지난달 집 앞에 쿠키를 팔아달라고 찾아온 걸 스카우트를 거절한 일("그게 조금 이기적일지도 몰라.")과 같은 구체적인 기억을 통해 질문에 대해 생각해 본다. 그러나 자니 카슨과 연관지었을 때는 호의를 베풀거나 거절한 구체적인 사례가 떠오르지 않을 것이다. 연구가들은 자아를 묘사하는 일을

'잘 발달되고 자주 활용된 구상'이라고 설명한다. 실제로 자기 참조 효과는 아주 강해서 자기 생일과 가까운 타인의 생일을 더 잘 기억하는 경향이 있다.[11]

자기 참조 효과는 여러 방면으로 활용할 수 있다. 그러니 참으로 잘된 일이 아닌가. 살면서 외국어를 공부하려고 할 때 폭넓은 삶의 경험을 외국어의 요소를 기억할 때 유용하게 사용할 수 있는 단서로 활용할 수 있다. 물론 기억해야 하는 모든 개념이 자기 참조로 쉽게 연결되는 것은 아니다. 하지만, 깊이 생각하는 것이 얕은 정보처리 과정을 거치는 것보다 전반적으로 더 나은 성과를 낸다. 마음만 먹으면 인지라는 화살 통에 들어 있는 화살로 활용할 수 있다.

기억의 감정적 측면

새로운 언어를 배우는 능력이 개인의 기분과 감정 상태의 영향을 받는다는 사실은 놀라운 일이 아니다. 인지과학자들은 기억, 기분, 감정 사이의 연관성에 대해 연구해왔다. 지금부터 즐겁고 효과적으로 외국어를 습득할 수 있는 감정적인 환경을 만드는 법에 대해 살펴보겠다.

긍정적인생각

사고와 감정의 연관성을 탐구할 때 염두에 두어야 하는 기본 전제는 긍정적인 정보가 부정적인 정보에 비해 더 효과적으로 처리되고 오랫동안 더 잘 기억된다는 점이다. 부정적인 정보와 비교했을 때 긍정적인 정보의 우수성은 다양한 연구를 통해 반복적으로 입증되었고 여기에는 어휘, 문법 구조, 대화문을 기억하는 능력을 살피는 연구도 포함되었다. 성인 외국어 학습자에게 긍정적인 정보가 중요한(더 안심할 수 있게 해주는) 이유는 나쁜 기억은 시간이 지나면서 차츰 흐려진다는 점 역시 입증되었기 때문이다. 마거릿 매틀린(Margaret Matlin)과 데이비드 스탱(David Stang)은 인지 체계가 전반적으로 긍정적인 정보에 호의적인 반응을 보이는 것을, 책과 영화로 유명한 《폴리애나(Pollyanna)》의, 절박한 환경에서도 인생을 긍정적으로 보려 한 소녀의 이름을 따 폴리애나 원칙(Pollyanna Principle)이라고 불렀다[2]

물론 긍정적인 단어만을 익히고 긍정적인 문장만을 만들어서는 외국어를 정복하는 수준에 도달하지 못한다. 그러나 스토리텔링, 프레젠테이션, 대화와 같은 언어 활동에서는 긍정적인 언어가 부정적인 것보다 더 쉽게 기억되므로 이런 활동을 할 때는 긍정적인 부분에서 시작하는 편이 좋다. 예를 들어, 목표 언어로 "대통령은 여성이다."라는 문장이 "대통령은 남성이 아니다."라는 문장보다 만들기가 쉽다. 또한, 청중은 부정적인 것보다는 긍정적인 정보를 더 잘 받아들이므로 이런 식으로 말해야 핵심을 더 잘 이해시킬 수 있다.

환경과 기분의 영향

필자인 리처드가 학생이었을 때 그는 나중에 시험을 칠 교실에서 똑같은 자리에 앉아 공부를 했다(바보 같기는!). 시험 전날 밤 그는 교실로 가서 칠판에 공부한 것을 적어보았다. 그리고 다시 자리로 돌아가서 칠판을 보고 공부하며 시험을 치다가 기억이 잘 안 나면 칠판에 썼던 기억을 떠올릴 수 있지 않을까 기대했다. 그렇게 하면서 알지 못하는 사이 그는 부호화 특수성(Encoding Specificity)이라고 부르는 인지 현상의 효과를 톡톡히 보았다.

부호화 특수성은 배운 내용(부호화한 것)이 기억해야 하는 것과 일치할 때 기억력이 향상되는 것을 말한다.[13] 반대로 맥락이 일치하지 않으면 기억에 어려움을 겪는다. 이런 일은 누구에게나 발생할 수 있다. 교실에서는 단어를 금방 기억해내고 쉽게 시험에 통과했지만, 실제 생활에서 써먹으려고 하니 전혀 기억이 나지 않는 것이다. 이런 일을 겪는다고 나이 탓을 해서는 안 된다. 부호화 특수성을 탓해야 한다. 단어를 익힌 장소와 방법이 활용하고자 하는 장소와 방법과 일치하지 않을 때 문제가 생기는 것이다.

여기서 맥락이 비단 외부 환경을 지칭하는 것이 아님을 염두에 두어야 한다. 다수의 연구를 통해 부호화 특수성이 학습한 장소와 같은 외부 요인으로 결정된다는 것이 밝혀졌지만, 개인의 심리적 상태와 같은 다른 요인도 영향을 미치는 것으로 나타났다. 예를 들어, 술을 마시면서 단어를 익힌 사람은 맨정신일 때보다 술을 마신 뒤에 기억이 더 잘 날것이다. 또한, 걸프전 참전용사는 전쟁 기념일이 다가올수록 외상 후 스트레스 장애(PTSD) 증상을 더 많이 보이는 것으로 나타났다.[14]

개인의 기분 역시 정보를 떠올리는 능력에 영향을 미친다. 일반적으로 무언가를 배울 당시의 기분과 배운 것을 떠올릴 때의 기분이 비슷할 때 기억력이 높아진다.[15] 화가 났을 때 화가 났던 상황이나 사건을 더 잘 떠올리는 것과 같은 이치다. 기분에 좌우되는 기억은 어쩌면 말다툼을 할 때 현재 문제와 상관없는 화가 났던 기억을 끄집어 내게 하는 이유일 수도 있다.

기분에 의존하는 학습은 교실에서는 침착하고 차분하다가 시험을 치는 동안 불안하고 걱정스럽다면 시험에서 제대로 역량을 발휘하지 못할 것으로 예측할 수 있도록 해준다. 그렇다고 수업시간에 불안에 떨면서 걱정하라는 말은 아니다. 시험을 칠 때보다 교실에서 기억이 더 잘 난다면 나이 탓이나 전반적인 인지 능력이 떨어져서가 아니라 부호화 특수성 때문이라고 생각하면 된다. 이것은 모든 사람, 전 연령층에서 나타나는 문제이므로 의기소침해질 필요가 없다!

물론 부호화 특수성이나 기분에 의존하는 것 때문에 기억력이 감퇴하는 것을 피하려고 항상 긍정적인 상황과 좋은 기분으로 공부하는 것은 거의 불가능에 가깝다. 그러나 성인 외국어 학습자가 부호화 특수성을 활용하거나 적어도 그 영향을 덜 받게 하는 여러 가지 방법이 있다. 그중 한 가지는 활용하고자 하는 방식과 가장 가깝게 목표 언어를 습득하는 것이다.

예를 들어, 필자 중 한 사람인 리처드는 포르투갈어를 공부할 때 아이슬란드에 살았다. 그는 집중 공부를 위해 브라질에 한 달간 갔다가 아이슬란드로 돌아와서 전화로 포르투갈어 시험을 보았다. 그리고 떨어졌다. 하지만, 그는 인지과학자라 무엇이 잘못되었는지 알고 다시 도전하기로 했다. 그래서 브라질로 되돌아갔고 이번에는 전화 시험을 보는 것에 대해 아는 만큼 내 외부적으로 부호화 특수성을 맞추려고 노력했다.

그래서 포르투갈어 선생님과도 전화로 연습했다. 그리고 다시 시험을 보았다. 이번에는 브라질에 머무는 동안 시험을 보았고 통과했으며 덕분에 외무부에서 일할 수 있게 되었다. 그러나 어쩌면 당연하게도 그가 직접 찾아가서 다시 시험을 쳤을 때(전화 시험을 본 사람이 실제로 일하러 나온 사람과 동일인이지 확인하기 위해 치는 시험) 그는 좋은 성적을 받지 못했다. 시험을 보는 환경이 공부했을 때와 상당히 달랐고 그가 그런 맥락의 효과에서 벗어날 정도로 유창한 수준이 아니었기 때문이다. 하지만, 성적이 나쁘지는 않았기 때문에 시험관은 그가 대리시험을 본 것은 아니라는 것을 알게 되었다.

학습 환경의 다양화

비록 부호화 특수성이 원어민에게조차도 실질적으로 영향을 미치지만, 우리 대부분은 맥락에 크게 좌우되지 않는 언어적인 유창함을 어느 정도 확보하려고 노력한다. 그러려면 외국어를 배우고 익히는 장소, 시간, 방법을 다양화하는 것이 중요하다. 다시 말해, 부호화 특수성을 최소한으로 줄이려면 분산 학습을 최대한 활용해야 한다. 2시간을 공부한다면 1시간 공부한 다음 완전히 다른 무언가를 하며 잠시 쉬었다가 다시 돌아와 공부하는 것이 좋다. 비록 분산 학습이 시간에 국한되지만, 다른 환경에서 공부해보는 것도 좋다. 이 말은 집에서 공부하다가 도서관으로 가라는 뜻이 아니다. 1시간은 필기한 것을 공부하고 그런 다음에 방금 배운 내용을 직접 대화로 연습해볼 수 있도록 외국인을 만나는 것이다.

분산 학습을 할 때 다시 교재를 볼 때마다 좀 전에 공부했을 때보다 더 모르는 것처럼 느껴질 수 있다. 이것은 지극히 정상적이며 누구에게나 일어날 수 있다. 분산 학습의 목표는 자신에게 망각할 기회를 준 다음 새롭게 다시 공부하게 하는 것이기 때문이다. 재학습은 첫 학습보다 습득 시간이 빠르므로 무언가를 잊어버리고 다시 익히면 해당 지식을 살짝 다른 방식으로 강화시킬 수 있다. 공부하는 장소를 다양롭게 바꾼다면 기존의 부호화 특수성을 줄여서 다양한 환경에서 언어를 더 유창하게 활용할 수 있게 된다.

그뿐만 아니라 공부에서 잠시 벗어나 있으면 부화 효과(Incubation Effects)가 나타난다. 부화 효과란 처음으로 다시 돌아갔을 때 역설적으로 더 나은 해결책과 창의성이 발휘되는 현상을 지칭한다. 심지어 잠을 자고 꿈을 꾸는 것이 부화 효과를 더 높인다는 연구결과도 나와 있다. 그러므로 앞서 언급한 순행 간섭 해제를 잊지 말자.[16]

무슨 말이 하고 싶으냐고? 진정하라는 것이다. 공부를 하되 헷갈리거나 더는 늘지 않는 것 같으면 중단한다. 그리고 다른 것을 해본다. 잠을

자도 된다. 그런 다음 다시 공부를 하려고 앉으면 실제로 얼마나 많이 기억하고 있는지 알게 되어 놀랄 것이다.

얕은 지식은 도움이 되기는 하지만 위험하다

성인 언어 학습자는 개념 주도적인 하향식으로 기억하는 데 도움을 줄 수 있는 고도로 조직된 지식 체계를 보유하고 있다. 같은 이유로, 기존의 지식 체계가 문제를 일으킬 수 있다는 사실을 인식하는 것이 중요하다. 필자 중 한사람인 로저에게 어떤 일이 생겼는지 살펴보자.

그는 허기지고 기진맥진한 상태로 목적지인 스위스 동부지역의 작은 도시에 막 도착했다. 성인이 되어 처음으로 간 유럽여행으로, 장시간 비행기를 두 번 갈아타고 기차를 탔던 터라 그에게 가장 시급한 일은 먹을 것을 찾는 일이었다. 그는 제일 처음 본 레스토랑으로 들어가 자리를 안내해줄 때까지 참을성 있게 기다렸다. 어느 정도 시간이 지나자 그가 무시당하고 있다는 점이 분명해졌다. 그는 살짝 서성이며 최대한 눈에 띄려고 노력했다. 그리고 이내 자신이 더는 무시당하지 않는다는 사실을 알게 되었다. 레스토랑의 직원들이 뒤쪽에 모여 불안한 표정으로 그를 쳐다보며 서로 심각한 듯 이야기를 나누고 있었다. 마침내 직원 한 사람이 다가와 두려워하면서 물었다. "무슨 일이시죠?" 그는 그 물음에 놀라 "밥을 먹고 싶어요!"라고 곧장 대꾸했다. 그러자 직원이 놀란 표정을 지었다. "배가 고프면 자리에 앉으세요!" 그는 직원의 말을 순순히 따랐고 이내 식사를 할 수 있게 되었다.

나중에 그는 서점에 가서 책을 한두 권 골랐다. 그리고 계산대로 가져가니 점원이 가격을 입력했다. 입력을 마친 직원은 기대에 찬 눈빛으로 그를 쳐다보았다. 그도 똑같이 그녀를 쳐다보았다. 잠시 뒤에 두 사람 다 상대방이 무언가를 해주기를 기다린다는 점이 분명해졌다. 화를 꾹 참으며 점원은 그에게 총액을 말해주었다. 그것은 그가 계산대 모니터에서 본 것과 같은 금액이었다. 그녀는 어린아이에게 말해주는 듯이 천천히 또렷한 목소리로 말했다. 그는 주눅이 든 상태로 계산을 마치고 허겁지겁 자리를 나섰다.

그가 이 여행을 시작하기 전에 그는 외국 여행의 고단함을 견딜 자신의 능력을 상당히 높이 평가하고 있었다. 모두가 영어를 할 것으로 생각하는 전형적인 '멍청한 미국인'이 아닌 쓸만한 독일어 실력을 갖추고 있었고 여행에 앞서 연습도 해두었다. 그는 여행용 회화책에서 유용한 여행자용 표현을 익혀두었다. 그리고 여행갈 지역에 대한 안내서도 몇 권 읽었다. 간단히 말해, 그는 지역 사람들과 소통할 준비가 잘 되었다고 느꼈다. 따라서 레스토랑에서 식사하고 책을 사는 것과 같은 기본적인 일에서 겪은 어려움은 그에게 당혹감 그 이상을 심어주었다.

그렇다면 그의 문제는 무엇일까? 시차 적응, 익숙지 않은 고도, 스위스 종업원들을 탓해야 할까? 지금쯤 예상했겠지만, 그가 어려움을 겪은 이유는 자신의 기대와 레스토랑 웨이터나 서점 계산원의 기대가 서로 들어맞지 않았기 때문이다. 레스토랑에서 혼란스러웠던 것은 미국에서의 외식 경험 때문이다. 미국에서는 대부분 웨이터가 자리를 안내해주거나 레스토랑에 '원하는 자리에 앉으세요.' 혹은 '자리를 배정해줄 때까지 기다려주세요.'라는 푯말이 붙어 있다. 그러나 스위스에서는 모두가 알아서 자리를 잡는다는 사실을 알기에 어떤 지침도 적혀 있지 않았다. 서점에서 그가 헷갈렸던 것은 판매가에 지역 소비세가 더해져 최종 금액이 나오는 방식으로 쭉 구매해왔던 이유에서다. 세금이 주마다 다르고 도시별로 차이가 나서 아무도 미리 계산을 하지 않는다. 그저 총 합계를 알려줄 때까지 기다린다. 하지만, 스위스에서 세금이 이미 판매가에 포함되어 있으므로 총 합계가 달라질 일이 없다. 그는 온 힘을 다해 노력했지만, 자신이 그토록 피하고 싶었던 바보 같은 미국인이 되어 있었다.

그는 인지과학자로서(그리고 상처받은 자신감으로) 이 경험을 되돌아보며 스위스 사람들의 관점에 대해 생각해보게 되었다. 지나고 보니 왜 그의 행동이 레스토랑 웨이터에게 이상하게 보였는지 알 것 같았다. 그들의 눈에 그는 분명히 식사를 하러 온 사람이 아니었다. 만일 밥을 먹으러 왔다면 자리에 앉았을 것이기 때문이다. 그는 입구 쪽을 돌아보거나 시계를 보는 등의 행동을 하지 않아 누군가를 기다리는 것 같지도 않았다. 그리고 참을성 없이 서성거리는 모습이 직원들을 더 불안하게 만들었다. 이와 비슷하게 서점의 계산원 역시 그가 무엇을 기다리고 있는지 알지 못했다. 내야 할 금액은 그의 눈앞에 있는 모니터에 커다랗게 표시되어 있었기 때문이다.

심리학자들은 이처럼 서로의 기대가 다른 상황을 다음과 같이 불렀다. 바로 스크립트 오류(Script Errors)다. 스크립트는 발생할 일에 대한 개인의 정신적 점검과 발생하는 순서를 포함하고 있다. 미국인의 '레스토랑에서의 외식' 스크립트에는 최소 14가지 단계가 있다.

1. 레스토랑으로 들어간다.
2. 직접 자리에 앉거나 자리를 배정받을 때까지 기다린다(지침에 따라).
3. 웨이터에게 메뉴를 받고 음료를 먼저 주문한다.

4. 어떤 음식을 주문할지 결정한다.

5. 기다린다.

6. 주문을 한다.

7. 기다린다.

8. 음식이 준비되어 테이블로 나온다.

9. 식사를 한다.

10. 기다린다.

11. 계산서를 받고 식사 비용과 팁을 지급한다.

12. 기다린다.

13. 영수증을 받는다.

14. 레스토랑을 나선다.

이 모든 것이 아주 분명하지 않은가? 그렇지만, 우리는 이 스크립트에 존재하는 조금, 혹은 많이 다른 버전 역시 알고 있다. 예를 들어, 패스트푸드 레스토랑은 1단계에서 6단계로 곧장 뛰어넘어가고 음식은 주문을 마치고 계산해야 한다. 계산대에 팁을 넣는 통이 배치되지 않은 한 팁이 필요하지 않은 곳도 있다. 누가 맥도날드에서 자리를 잡고 앉아 웨이터가 오길 기다린다면 그 사람은 평생 기다려야 할지도 모른다. 심지어 미국에 있는 작은 식당이나 중국 음식점은 계산서가 테이블로 나오면 식사를 한 사람이 들고 계산대로 가서 계산해야 하는 표준 스크립트와 다른 스크립트가 존재하기도 한다.

따라서 스위스 레스토랑에서 그가 겪은 어려움은 그가 기존에 인식하고 있던 스크립트의 2단계가 보편적이라고 생각했기 때문이다. 스위스의 레스토랑 직원 역시 어느 정도 책임이 있다. 그들은 자신들의 레스토랑 스크립트 2단계(손님이 알아서 착석하는 것)가 보편적이지 않다는 사실을 인식하지 못했기 때문이다.

우리는 반복적인 경험을 통해 수많은 스크립트(스키마타(Schemata)라고도 부른다)를 보유하고 있다. 이 스크립트가 심리학자들이 말하는 의미 기억(Semantic Memory) 혹은 일반적인 상식 일부를 구성한다. 스크립트 또는 스키마타는 문화적 경험을 토대로 하는 정신적 체계를 이룬다. 그래서 서로 소통을 할 때 사용하는 보편적인 토대의 일부가 되는 것이다. 스크립트는 별다른 노력 없이 정보를 빠르게 처리할 수 있게 해주지만 로저가 스위스에서 겪은 일에서 알 수 있듯이 스크립트에 너무 의존하면 위험할 수도 있다.[17]

이런 개념은 영국의 실험 심리학자 프레드릭 바틀렛(Frederic Bartlett)이 처음으로 연구했다. 1920년대 그는 연구를 통해 기억하는 활동이 쉽게 떠올릴 수 있는 정보를 토대로 과거의 경험을 재구성해서 이루어진다고 확신했다. 이런 인출 사이의 공백은 존재하는 스키마타를 토대로 한 추론으로 채워진다.[18]

바틀렛은 케임브리지 대학교 학부생을 대상으로 이야기를 떠올리게 한 연구를 통해 이런 결론에 도달했다. 그는 이 '공백 메우기' 프로세스가 어떻게 진행되는지 실험 참가자들에게 낯선 환경을 서술한 이야기를 들려줌으로써 확인했다. 특히 '유령의 전쟁'이라고 불리는 북미 인디언의 전설을 활용한 연구가 가장 잘 알려졌다. 이 이야기에는 영국인의 관점에서 이해하기 어려운 요소가 많이 들어 있다. 예를 들어, 이 전쟁이 산 자를 위한 것인지 죽은 자를 위한 것인지 명확하지 않았다. 또한, 북미 인디언이라면 알 수 있지만 바틀렛의 참가자들은 이해할 수 없는 세부 사항이 많이 있었다. 예를 들어, 두 소년이 카누를 타고 물개 사냥을 나선 부분과 같이 영국인에겐 낯선 장면이 있었다. 나중에 참가자들에게 이 장면을 기억하는지 묻자 많은 참가자가 소년들이 낚시하고 있었다거나 보트를 타고 있었다고 말했다.

바틀렛의 설명에 따르면 참가자들이 소년들이 무엇을 했는지 정확하게 기억하지 못했지만, 물가에 있었다는 점은 희미하게나마 기억할 수 있었다. 그들이 무언가를 했지만, 그것이 무엇인지는 기억하지 못했다.

사람이 물가에서 할 수 있는 일이 무엇일까? 이 지식을 활용해 참가자들은 소년들이 낚시를 했다고 '기억하면서' 공백을 메웠다.

　케임브리지 학부생들과 마찬가지로 새로운 언어를 배울 때(문화도 포함해서) 모국어의 스크립트나 스키마타에 의존해 공백을 메우려고 할 것이다. 예를 들어, 미국인들은 대화를 마무리하면서 늘 "Have a good day."라고 말한다. 이것이 미국식 대화 마무리 스크립트다. 미국인들은 외국어를 배울 때 대화를 끝내는 문장으로 "Have a good day."를 어떻게 말하는지 배우고 싶어하지만, 여러 문화권에서는 이런 문장이 어색한 마무리가 된다. 그렇지만, 미국인에게 "Thank you." 혹은 "You're welcome."으로 대화를 마무리 짓는 것은 무언가 빠진듯한 기분이다. 미국인들은 이 공백을 메우려고 비록 목표 언어에 꼭 필요하지 않을지라도 미국식 마무리 스크립트를 대체할 어색하지 않은 말을 찾아서 자신들의 스크립트에 맞는 마무리를 지을 것이다.

기억의 예술

　로마의 웅변가 키케로는 섬뜩한 죽음에서 가까스로 탈출한 케오스의 시모니데스 이야기를 들려주었다. 기원전 5세기에 살았던 이 그리스의 서사 시인은 테살리아(Thessaly)의 귀족 스코파스(Scopas)가 좋아하지 않는 승리의 찬가를 지어 그에게 대항했다. 스코파스는 신화 속 쌍둥이 카스토르(Castor)와 폴룩스(Pollux)의 상징적 내용이 담긴 시를 듣고 화가 났다. 그러던 어느 날 두 명의 젊은이가 연회장에서 스코파스와 저녁 식사를 하는 시모니데스를 찾아와 밖으로 불러냈다. 시모니데스가 연회장을 나서는 순간 연회장 지붕이 무너져 스코파스를 비롯해 많은 친척이 죽음을 당했다. 게다가 시모니데스를 불러낸 젊은이들은 어디서도 찾을 수 없었다. 전설에 따르면 두 젊은이는(예상했겠지만) 카스토르와 폴룩스라고 전해지며 시모니데스가 시에 자신들을 언급해준 것에 대한 감사로 목숨을 구해준 것이다.

　사건 현장을 수습하려니 연회에 참석했던 사람들의 시체가 형체를 구별할 수 없을 정도로 으스러져 장례를 치를 수 없었다. 그래서 시모니데스가 도움을 주게 되었다. 그는 연회장을 떠나기 직전에 누가 어디에 앉아 있었는지 기억하며 시체를 분간해냈다.[19] 이 방식이 기억에 도움을 준다는 것이 인식되면서 학자들은 시모니데스 덕분에 발전한 이 기법을 장소법(Method of Loci)이라고 부른다. 또한, 기억 왕궁(Memory Palace) 혹은 기억 극장(Memory Theater) 기법이라 지칭하기도 한다. 명칭이 무엇이건 간에 정의는 같다. 친숙한 장소나 길이 특정한 순서에 따라 배치된 일련의 목록을 기억하는 용도로 활용되는 것이다. 이 기법은 이 책이 말하고자 하는 주제를 가장 잘 보여준다. 바로 목표 외국어의 어휘처럼 새로운 것을 익힐 때 기존의 지식을 활용하는 것이다.

내일 아침에 베이글, 우유, 달걀을 사야 한다는 것을 기억하려고 한다고 가정해보자. 당신은 머릿속으로 사무실로 가는 길 등 익숙한 경로를 살피며 사야 할 목록을 기억하려고 할 것이다. 익숙한 이정표를 지나치면서 사야 할 목록과 결합시킬 수 있다. 예를 들어, 높은 첨탑이 있는 교회를 지나치게 된다면 그 꼭대기에 거대한 베이글이 꽂혀 있다고 상상할 수 있다. 높은 아파트를 지나친다면 우유가 건물 옆으로 흘러 바닥에 웅덩이를 이루는 상상을 할 수 있다. 달걀은 통근길 끝자락에 있는 골프 코스를 활용해 기억할 수 있다. 커다란 달걀이 한가운데가 쪼개져 골퍼들에게 쏟아진다고 머릿속으로 그려보면 된다. 식료품점에 들어섰을 때 머릿속으로 지나온 경로를 운전하면서 돌아본다. 교회, 아파트, 골프장을 지나면 사야 할 목록 속 항목들이 '보일' 것이다.

물론 이 예시에서 사야 할 것들을 특정한 순서에 따라 기억할 필요는 없다. 그렇지만, 이 기법을 사용하면 머릿속으로 제일 먼저 교회에 간 다음 아파트를 지나고 마지막에 골프장으로 향한다. 고대에 그리스와 로마 웅변가들은 이 방식을 사용해 적절한 순서에 따라 자신의 연설에서 중요한 부분을 기억했다. 장소법 이외에도 기억을 돕는 다양한 기법이 있다. 집합적으로 이런 정신 조작은 또한 기억술(Mnemonic Devices)이라고 불린다. 다른 많은 것들도 있지만 몇 가지 예시를 통해 간략하게 살펴보자.[20]

장소법은 이미 알고 있는(익숙한 길) 것과 기억하고자 하는 것을 연관시키기만 하면 되기 때문에 편리하다. 그러나 간단한 시를 통해 또 다른 강력한 기억 기법을 익힐 수 있다.

One is run,

Two is Shoe,

Three is tree,

four is door,

…

서론, 외국어를 다시 시작하다

이것은 페그제(Peg System)로, 운율이 있는 단어나 기수를 장소법의 길처럼 활용하는 방식이다(이 시는 다양한 변형이 있다. 끝이 잘린 이 버전은 로저가 어릴 때 아버지에게 배운 것이다).

이제 다시 쇼핑 목록으로 돌아가 보자. 1은 달리기이므로 말이 경주로를 달리는 모습을 상상할 수 있다. 대신 안장 위에는 기수 대신 커다란 베이글이 앉아 있다. 2는 구두이므로 누군가의 구두 속에 든 우유를 상상하거나 걸을 때마다 우유가 배어 나온다고 떠올려보자. 3은 기억해야 하는 항목이 나뭇가지나 잎사귀 위에 놓여 있다고 상상하면 된다. 그러므로 밝은 색상의 부활절 달걀이 잎사귀 위에 놓여 있는 나무를 떠올리면 된다. 머릿속에 떠오르는 정확한 형태는 사실 중요하지 않다. 필요한 것은 기억하고 싶은 것을 떠올릴 수 있는 힌트(이미 아는 것을 숫자와 연관시켜서)면 된다.

물론, 대부분은 한 개념을 하나의 숫자와 연결할 필요는 없다. 그 대신 목표 외국어의 단어를 모국어의 단어나 개념과 연결하고 싶을 것이다. 두 가지 단어를 뚜렷한 상상으로 결합시키는 방식을 키워드 기억법(Keyword Mnemonic)이라고 부른다. 작용 방식은 이렇다. 독일어로 문은 Tür라고 한다. 자기 참조 효과를 아는 한 여학생은 이 단어를 기억하기 위해 자신의 경험담을 기억 단서로 사용할 것이다. 그 여학생이 이스탄불에 갔을 때 호텔 방에 갇혔고 급하게 방의 시설을 사용하고 싶은 처지에 놓였다고 가정해보자. 터키에서 열리지 않는 문(*Door in Turkey*) 때문에 갇히게 된 절망이 그녀로 하여금 독일어 Tür를 기억하게 도와준 것이다(움라우트까지 기억하려면 힘이 들기에 이는 제외한다).

사실 다양한 학습에 다른 기억법을 사용할 수 있다. 많은 어린이가 무지개의 일곱 가지 색상을 순서대로 기억할 때 머리글자를 따 Roy G. Biv라고 외운다(빨주노초파남보와 같은 맥락). 이와 비슷하게 "교양있는 우리 엄마가 방금 파이 아홉 개를 우리에게 가져다 주셨습니다(My Very Educated Mother Just Served Us Nine Pies)."와 같은 문장은 행성의 순서를 기억하는 데 도움을 주어 각 행성의 첫 글자(M은 Mercury, V는 Venus, E는 Earth 등)를 연상시키게 해준다(물론 명왕성이 제외되어 여덟 단어로 새로운 문장을 만들어야 했다). 손목에 있는 여덟 개의 뼈 이름을 기억하는 방법은? "어떤 연인들은 자신들이 감당할 수 없는 자세를 시도해본다(Some Lovers Try Positions That They Can't Handle)."라는 문장을 떠올리면 된다. 이 문장은 주상골(scaphoid), 월상골(lunate), 삼각골(triquetrum), 두상골(pisiform), 대능형골(trapezium), 소능형골(trapezoid), 유두골

(capitate), 유구골(hamate)의 머리글자를 따서 만든 것이다.

　　모두가 괜찮은 방법 같지만 이런 정서적인 조작이 외국어 학습에 도움이 될까? 그럴 수도 있고 아닐 수도 있다. 위에서 살펴본 예시처럼 일부 교재는 자체적으로 기억법을 꾸준히 사용하도록 이끈다. 발음이 비슷한 단어는 기억에 도움을 주는 요소를 가지고 있어서 단어가 들어간 멜로디가 경음악보다 더 잘 기억나는 것과 마찬가지로 산문보다 운문을 더 쉽게 기억한다. 장소법, 페그제, 키워드 기억법, 상상력 활용 등의 방식은 기억을 되살리는 데 도움을 준다. 흥미로운 점은 장소법이 우울증을 겪는 환자가 긍정적이고 자신감을 북돋울 수 있는 개인적인 기억을 떠올리는 용도로 사용된다는 점이다.[21]

　　그러나 안타깝게도 기억법에는 한계가 있다. 우선, 습득해야 하는 대다수 언어 정보는 이런 기법을 통해 쉽게 익힐 수 없다. 예를 들어, 선명한 정신적인 이미지가 아무리 적합하거나 특이하다고 할지라도 오로지 제한적인 상황에서만 유용한데다, 훈련으로 강화하지 않으면 쉽게 사라져 버릴 수도 있다. 게다가 시각적 이미지와 연계한 단어는 간혹 회상하는 과정에서 혼란을 일으키기도 한다(독일어로 문이 Tür였나 아니면 Türk였나?). 마지막으로 이미지를 생성하고 결합하는 일은 시간이 걸리므로 그 시간을 다른 학습 전략에 투자하는 것이 더 나을 수도 있다.[22]

따라서 기억법을 활용하려면 자연스럽고 적절한 상황에서만 사용하는 것이 좋다. 이 책에서 설명한 다른 전략들을 결합하면 기억법을 인지 도구에 추가할 수 있다. 잘 혼합해서 활용하는 지혜가 필요하다. 그러나 중요한 것은 건강한 정신적인 상태와 긍정적인 마음가짐이 없으면 학습이 이루어질 수 없다는 점이다. 기억력을 높이고 싶다면 충분히 자고 건강을 유지하고 마음을 편안하게 가지고 긍정적인 자세로 목표 언어와 문화를 대할 수 있어야 한다.[23]

　책은 이것으로 마지막이지만, 외국어 공부는 지금부터가 시작이다. 이 책을 읽고 외국어 학습이 달성할 수 있는 범주에 있다는 생각이 든다면 필자의 목표는 성공한 셈이다. 삶의 경험이 언어 학습을 풍요롭게 해 줄 수 있도록 허락한다면 그 보답으로 학습이 당신의 인생을 풍요롭게 해 줄 것이다. 우리에게 그랬으니 여러분에게도 그러기를 바란다.

노트

조건

1 이 책의 노트는 이 책에 등장하는 주장을 뒷받침하는 과학적 참고 자료를 포함합니다. 자료에 관심이 없으시다면 그냥 넘어가셔도 됩니다.

2 어린이보다 어른이 언어를 더 쉽게 학습한다는 것에 관해서는 다음을 참고하세요. David P. Ausubel, "Adults versus Children in Second-Language Learning: Psychological Considerations," *Modern Language Journal* 48 (7) (1964): 420.424; Stefka H. Marinova-Todd, D. Bradford Marshall, and Catherine E. Snow, "Three Misconceptions about Age and L2 Learning," *TESOL Quarterly* 34 (1) (2000): 9.34; and Mary Schleppegrell, "The Older Language Learner" (Washington, DC: ERIC Clearinghouse on Languages and Linguistics, 1987), http://files.eric.ed.gov/fulltext/ED287313.pdf. On children's ability to acquire a native accent, see Stephen D. Krashen, Michael A. Long, and Robin C. Scarcella, "Age, Rate, and Eventual Attainment in Second Language Acquisition," *TESOL Quarterly* 13 (4) (1979): 573.582. 원어민 수준의 유창함 습득하는 어른의 능력에 대해서는 다음을 참고하세요. David Birdsong, "Ultimate Attainment in Second Language Acquisition," *Language* 68 (4) (1992): 706.755. On children's having no language learning anxiety, see David P. Ausubel, *Educational Psychology*: A Cognitive View (New York: Holt, Rinehart & Winston, 1968); Gregory K. Moffatt, *The Parenting Journey: From Conception through the Teen Years* (Santa Barbara, CA: Greenwood, 2004); Schleppegrell, "The Older Language Learner."

3 인지과학과 관련된 원칙에 관해서는 다음을 참고하세요. Howard Gardner, *The Mind's New Science: A History of the Cognitive Revolution* (New York: Basic Books, 1985).

4 독해와 관련된 하향식 처리에 관해서는 다음을 참고하세요. Arthur C. Graesser, Cheryl Bowers, Ute J. Bayen, and Xiangen Hu, "Who Said What? Who Knows

What? Tracking Speakers and Knowledge in Narratives," *New Perspectives on Narrative Perspective*, ed. Willie van Peer and Seymour Chatman, 255.272 (Albany, NY: State University of New York Press, 2001).

5 경험과 지식을 활용하는 성인의 능력에 관해서는 다음을 참고하세요. John B. Black and Robert Wilensky, "An Evaluation of Story Grammars," *Cognitive Science* 3 (3) (1979): 213.230.

6 성인이 될 때까지 완전히 발전하지 않는 메타인지와 메타기억에 관해서는 다음을 참고하세요. Wolfgang Schneider and Kathrin Lockl, "The Development of Metacognitive Knowledge in Children and Adolescents," *Applied Metacognition*, ed. Timothy J. Perfect and Bennett L. Schwartz, 224.260 (Cambridge: Cambridge University Press, 2002).

7 성인의 정교한 인지 처리 이해에 관해서는 다음을 참고하세요. Ethan Zell and Zlatan Krizan, "Do People Have Insight into Their Abilities? A Metasynthesis," *Perspectives on Psychological Science* 9 (2) (2014): 111.125.

8 어린 시절 배운 예절에 관해서는 다음을 참고하세요. Jean Berko Gleason, Rivka Y. Perlmann, and Esther Blank Greif, "What's the Magic Word: Learning Language through Politeness Routines," *Discourse Processes* 7 (4) (1984): 493.502.

성공을 위한 목표 설정

1 휴리스틱에 관련해서는 다음을 참고하세요. Amos Tversky and Daniel Kahneman, "Availability: A Heuristic for Judging Frequency and Probability," *Cognitive Psychology* 5 (2) (1973): 207.232. For the use of heuristics in artificial intelligence, see, e.g., Herbert A. Simon, "The Structure of Ill-Structured Problems," *Artificial Intelligence* 4 (1973): 181.201, http://www.public.iastate.edu/~cschan/235/6_Simon_Ill_defined_problem.pdf.

2 지진에 대한 기억이 희미해짐과 함께 어떻게 지진 관련 보험 판매가 달라지는지는 다음을 참고하세요. Riccardo Rebonato, *Plight of the Fortune Tellers: Why We Need to Manage Financial Risk Differently* (Princeton, NJ: Princeton University Press, 2010).

3 계획 오류에 대해서는 다음을 참고하세요. Roger Buehler, Dale Griffin, and Michael Ross, "Exploring the 'Planning Fallacy:' Why People Underestimate Their Task Completion Times," *Journal of Personality and Social Psychology* 67 (3) (1994): 366.381; Daniel Kahneman and Amos Tversky, "Intuitive Prediction: Biases and Corrective Procedures," Technical Report PTR-104277-6, 1977, http://www.dtic.mil/cgi-bin/GetTRDoc?AD=ADA0 47747.

4 프로세스에 중점을 둔 계획의 장점에 관해서는 다음을 참고하세요. Shelley E. Taylor, Lien B. Pham, Inna D. Rivkin, and David A. Armor, "Harnessing the Imagination: Mental Simulation, Self-Regulation, and Coping," *American Psychologist* 53 (4) (1998): 429.439.

5 반사실적 사고에 대해서는 다음을 참고하세요. Victoria Husted Medvec, Scott F. Madey, and Thomas Gilovich, "When Less Is More: Counterfactual Thinking and Satisfaction among Olympic Medalists," *Journal of Personality and Social Psychology* 69 (4) (1995): 603.610.

6 나이에 대해 긍정적인 믿음을 유지하는 것의 장점에 대해서는 다음을 참고하세요. Becca R. Levy, Alan B. Zonderman, Martin D. Slade, and Luigi Ferrucci, "Age Stereotypes Held Earlier in Life Predict Cardiovascular Events in Later Life," *Psychological Science* 20 (3) (2009): 296.298.

7 사후 과잉 확신편향에 대해서는 다음을 참고하세요. Neal J. Roese and Kathleen D. Vohs, "Hindsight Bias," *Perspectives on Psychological Science* 7 (5) (2012): 411.426.

8 새로운 습관을 들이는 데 걸리는 시간에 관해서는 다음을 참고하세요. Maxwell Maltz, *Psycho-Cybernetics: A New Way to Get More Living Out of Life* (New York: Prentice Hall, 1960), see, e.g., Phillippa Lally, Cornelia H. M. Van Jaarsveld, Henry W. W. Potts, and Jane Wardle, "How Are Habits Formed: Modeling Habit Formation in the Real World," *European Journal of Social Psychology* 40 (6) (2010): 998.1009.

9 금연 성공 예측과 관련해서는 다음을 참고하세요. Andrew Hyland, Ron Borland, Qiang Li, Hua H. Yong, Ann McNeill, Geoffrey T. Fong, Richard J. O'Connor, and K. M. Cummings, "Individual-Level Predictors of Cessation Behaviours among Participants in the International Tobacco Control (ITC) Four Country Survey," *Tobacco Control* 15 (Suppl. III) (2006): iii83.iii94.

10 분산 학습 대 집중 학습에 대해서는 다음을 참고하세요. John Dunlosky, Katherine A. Rawson, Elizabeth J. Marsh, Mitchell J. Nathan, and Daniel T. Willingham, "Improving Students' Learning with Effective Learning Techniques: Promising Directions from Cognitive and Educational Psychology," *Psychological Science in the Public Interest* 14 (1) (2013): 4.58.

11 "Specific, high (hard) goals lead to a higher level of task performance": Edwin A. Locke and Gary P. Latham, "New Directions in Goal-Setting Theory," *Current Directions in Psychological Science* 15 (5) (2006): 265.268, at 265.

12 밴두러의 자기효능감에 대해서는 다음을 참고하세요. Albert Bandura, "Self-Efficacy: Toward a Unifying Theory of Behavioral Change," *Psychological review* 84 (2) (1977): 191.215.

13 낮은 자기효능감을 가져오는 부정적인 경험에 대해서는 다음을 참고하세요. Madeline E. Ehrman, *Understanding Second Language Learning Difficulties* (Thousand Oaks, CA: Sage, 1996).

14 나브라틸로바의 인터뷰에 관해서는 다음을 참고하세요. Giles Smith, "Tennis: Wimbledon '93: Navratilova Looking Forward to a Happy 21st: The Woman with More Titles Than Any Other Player Relishes the Unpredictability of Grass, Especially on Centre Court," *Independent*, June 21, 1993, http://www .independent.co.uk/sport/tennis-wimbledon-93-navratilova-looking -forward-to-a-happy-21st-the-woman-with-more-titles-than-any-other -player-relishes-the-unpredictability-of-grass-especially-on-centre-court -giles-smith-reports-1492895.html. 자기열등화에 대한 자세한 내용은 다음을 참고하세요. Arthur Frankel and Mel L. Snyder, "Egotism among the Depressed: When Self-Protection Becomes Self-Handicapping," 1987, 미국 심리학회 연례 회의에 제출한 논문, http:// files.eric.ed.gov/fulltext/ ED289120.pdf.

15 자기열등화가 일상인 것과 관련해서는 다음을 참고하세요. S. Berglas and E. E. Jones, "Control of Attributions about the Self through Selfhandicapping Strategies: The Appeal of Alcohol and the Role of Underachievement," *Personality and Social Psychology Bulletin* 4 (2) (1978): 200.206.

16 나이가 들어 익숙해지고자 노력할 때 생기는 불안을 줄이는 것에 관해서는 다음을 참고하세요. Zoltan Dornyei, "Motivation and Motivating in the Foreign Language Classroom," *Modern Language Journal* 78 (3) (1994): 273.284, and "Motivation in Second and Foreign Language Learning," *Language Teaching* 31 (3) (1998): 117.135.

17 비고츠키의 근접발달영역에 관해서는 다음을 참고하세요. Lev S. Vygotsky, *Mind in Society: The Development of Higher Psychological Processes* (Cambridge, MA: Harvard University Press, 1980).

18 자신이 제대로 된 지점이 있는지를 측정하는 능력에 관해서는 다음을 참고하세요. Janet Metcalfe, "Metacognitive Judgments and Control of Study," *Current Directions in Psychological Science* 18 (3) (2009): 159.163.

언어란 무엇인가?

1 영어 철자와 발음 관계에 대해서와 조지 버나드 쇼에 관한 내용은 다음을 참고하세요. Ben Zimmer, "GHOTI," *New York Times Magazine*, June 25, 2010, http://www.nytimes.com/2010/06/27/magazine/27FOB-onlanguage-t.html?_r=0 Zimmer 2010.

2 불규칙성에 혼란을 느끼지 않도록 말하기와 듣기에만 집중하라는 조언에 관련해서는 다음을 참고하세요. Paul Pimsleur, *How to Learn a Foreign Language* (New York: Simon & Schuster, 2013).

3 "말하기에만 집중하는 것이 나이 든 사람에게서 주요 학습 도구를 빼앗는 것이다.": Ausubel, "Adults versus Children in Second-Language Learning," 423.

4 통계 등 자세한 내용은 다음을 참고하세요. Office of the Inspector General, "Inspection of the Foreign Service Institute," March 31, 2013, http://oig.state.gov/system/files/209366.pdf.

5 유창함(Fluency)에 대한 다양한 정의에 관해서는 다음을 참고하세요. Marie-Noelle Guillot, *Fluency and Its Teaching* (Clevedon: Multilingual Matters, 1999).

6 다양한 실어증에 관해서는 다음을 참고하세요. http://www.aphasia.org.

7 크로퍼드의 일화에 관해서는 다음을 참고하세요. Philip Crawford, "Bon Appetit? Not So Fast," *New York Times*, May 6, 2014, http://www.nytimes.com/2014/05/07/opinion/bon-appetit-not-so-fast.html.

8 중간 언어에 대한 자세한 내용은 다음을 참고하세요. Larry Selinker, "Interlanguage," *International Review of Applied Linguistics* 10 (1.4) (1972): 209.231.

9   화석화에 대한 더 자세한 내용은 다음을 참고하세요. Larry Selinker and John T. Lamendella, "The Role of Extrinsic Feedback in Interlanguage Fossilization," *Language Learning* 29 (2) (1979): 363.376.

10 인지과학자들이 말하는 공통분모에 대해서는 다음을 참고하세요. Herbert H. Clark and C. R. Marshall, "Definite Reference and Mutual Knowledge," *Elements of Discourse Understanding*, ed. Aravind K. Joshi, Bonnie L. Webber, and Ivan A. Sag, 10.63 (Cambridge: Cambridge University Press, 1981).

언어에서 문화가 왜 중요한가?

1   단어와 문법을 배우는 어른의 능력과 이를 어린이의 능력과 비교한 내용에 대해서는 다음을 참고하세요. Ellen Bialystok and Kenji Hakuta, *In Other Words: The Science and Psychology of Second-Language Acquisition* (New York: Basic Books, 1994); James Emil Flege, Grace H. Yeni-Komshian, and Serena Liu, "Age Constraints on Second-Language Acquisition," *Journal of Memory and Language* 41 (1) (1999): 78.104.

2   ILR 말하기 기술 척도에 관한 자세한 내용은 다음을 참고하세요. http://www.govtilr. org/skills/ILRscale2.htm.

3   "Make your conversational contribution such as is required": H. Paul Grice, "Logic and Conversation," in *Syntax and Semantics*, vol. 3: Speech Acts, ed. Peter Cole and Jerry. L. Morgan, 41.58, at 45 (New York: Academic Press, 1975). 그라이스의 협동 원리와 격언에 대해서는 다음 내용도 참고하세요. Grice, "Further Notes on Logic and Conversation," in *Syntax and Semantics*, vol. 9: *Pragmatics*, ed. Peter Cole, 183.197 (New York: Academic Press, 1978).

4 언제 대화 상대가 더는 협력하지 않는다고 생각하는지에 대한 예는 다음을 참고하세요. Richard Roberts and Roger Kreuz, "Nonstandard Discourse and Its Coherence," *Discourse Processes* 16 (4) (1993): 451.464.

5 화행이론에 대해서는 다음을 참고하세요. John L. Austin, *How to Do Things with Words*, 2nd ed. ed. J. O. Urmson and Marina Sbisa (Cambridge, MA: Harvard University Press, 1975).

6 언어의 기본으로서의 비유 화법에 대해서는 다음을 참고하세요. Howard R. Pollio, Jack M. Barlow, Harold J. Fine, and Marilyn R. Pollio, Psychology and the Poetics of Growth: Figurative Language *Psychology, Psychotherapy, and Education* (Hillsdale, NJ: Erlbaum, 1977).

7 흔히 볼 수 있는 모호한 비유 언어에 관해서는 다음을 참고하세요. Pollio et al., Psychology and the Poetics of Growth. 영어 to be와 산스크리트 어 to breathe의 공통 어원에 관해서는 다음을 참고하세요. Julian Jaynes, *The Origin of Consciousness in the Breakdown of the Bicameral Mind* (Boston: Houghton Mifflin, 1976).

8 얼마나 많은 비유 언어가 있는지는 다음을 참고하세요. Alex Preminger, and T. V. F. Brogan, eds., *The New Princeton Encyclopedia of Poetry and Poetics* (New York: MJF Books, 1993). 과장하기를 좋아하는 미국인에 관해서는 다음을 참고하세요. "American Exaggerations," *New York Times*, August 4, 1854, p. 4, http://times machine.nytimes.com/timesmachine/1854/08/04/8813595 2.html. 엘리자베스 2세 여왕의 다양한 언어 표현에 관해서는 다음을 참고하세요. see Caroline Davies, "How the Royal Family Bounced Back from Its 'Annus Horribilis,'" Guardian, May 24, 2012, http://www.theguardian.com/uk/2012/ may/24/royal-family-bounced-back-annus-horribilis.

9   시간이 흘러도 잘 변하지 않는 비유에 관해서는 다음을 참고하세요. Anne Cutler, "Idioms: The Colder the Older," *Linguistic Inquiry* 13 (1982): 317.320. 관용구를 처음 접했을 때의 참신함에 관해서는 다음을 참고하세요. Jeannette Littlemore, "Metaphoric Intelligence and Foreign Language Learning," *Humanising Language Teaching* 3 (2) (2001), http://www.hltmag.co.uk/mar01/mart1.htm.

10   비유적 지능에 대해서는 다음을 참고하세요. Littlemore, "Metaphoric Intelligence and Foreign Language Learning."

11   대인관계를 유지하는 수단으로서의 언어 사용에 대해서는 다음을 참고하세요. Gabriele Kasper, *Can Pragmatic Competence Be Taught?* (Honolulu: University of Hawai'i, Second Language Teaching & Curriculum Center, 1997), http://www.nflrc.hawaii.edu/NetWorks/NW06/.

12   문화 간 대인관계 능력을 해석하는 데 있어서의 어려움에 관해서는 다음을 참고하세요. Raymond Carroll, *Cultural Misunderstandings: The French-American Experience* (University of Chicago Press, 1988). 고맥락 문화과 저맥락 문화에 관해서는 다음을 참고하세요. Edward T. Hall, *Beyond Culture* (New York: Anchor Books, 1976).

13   고맥락 문화인 한국, 중국, 일본에 관해서는 다음을 참고하세요. Elizabeth Wurtz, "Intercultural Communication on Websites: A Cross-Cultural Analysis of Websites from High-Context Cultures and Low-Context Cultures," *Journal of Computer-Mediated Communication* 11 (1) (2006): 274.299. 고맥락 문화에서 대화 시 생략하는 내용에 관해서는 다음을 참고하세요. Hall, *Beyond Culture*.

14   저맥락 문화인 독일, 노르웨이, 미국에 관해서는 다음을 참고하세요. Wurtz, "Intercultural Communication on Websites." 정신분열증 환자와 부모의 공통분모에 관해서는 다음을 참고하세요. Roberts and Kreuz, "Nonstandard Discourse and Its Coherence."

15 일본인보다 터키인이 더 외향적이라는 것과 관련해서는 다음을 참고하세요. C. Ashley Fulmer, Michele J. Gelfand, Arie W. Kruglanski, Chu Kim-Prieto, Ed Diener, Antonio Pierro, and E. Tory Higgins, "On "Feeling Right" in Cultural Contexts: How Person-Culture Match Affects Self-Esteem and Subjective Well-Being," *Psychological Science* 21 (11) (2010): 1563.1569.

16 배우고자 하는 언어와 문화에 대한 고유한 관계를 고려하는 것과 관련해서는 다음을 참고하세요. Kasper, *Can Pragmatic Competence Be Taught?*

17 '불쾌한 골짜기' 현상과 관련해서는 다음을 참고하세요. M. Mori, "The Uncanny Valley," *IEEE Robotics and Automation Magazine* 19 (2) (1970): 98.100.

언어와 지각

1 솔트하우스의 반응 시간 증가 가설에 관해서는 다음을 참고하세요. Timothy A. Salthouse, "The Processing-Speed Theory of Adult Age Differences in Cognition," *Psychological Review* 103 (3) (1996): 403.428.

2 원어민끼리의 대화 시 공백 시간에 대해서는 다음을 참고하세요. Susan Ervin-Tripp, "Children's Verbal Turn-Taking," *Developmental Pragmatics*, ed. Elinor Ochs and Bambi Schieffelin, 391.414 (New York: Academic Press, 1979). 이러한 공백 시간에 일어나는 집중적인 인지 과정에 대해서는 다음을 참고하세요. Willem J. M. Levelt, *Speaking: From Intention to Articulation* (Cambridge, MA: MIT Press, 1989).

3 '공백 시간을 채움'에 관해서는 다음을 참고하세요. Geoffrey Beattie, "The Dynamics of Interruption and the Filled Pause," *British Journal of Social and Clinical Psychology* 16 (3) (1977): 283.284.

4   다른 능력과 관련된 뇌 훈련의 효율성에 대해서는 다음을 참고하세요. Adrian M. Owen, Adam Hampshire, Jessica A. Grahn, Robert Stenton, Said Dajani, Alistair S. Burns, Robert J. Howard, and Clive G. Ballard, "Putting Brain Training to the Test," *Nature* 465 (2010): 775.778.

5   외국어를 배울 때의 인지적 이득에 관한 이중 언어자 연구는 다음을 참고하세요. Ellen Bialystok, Fergus I. M. Craik, David W. Green, and Tamar H. Gollan, "Bilingual Minds," *Psychological Science in the Public Interest* 10 (3) (2009): 89.129.

6   다중 언어 구사자의 상대적 수에 관해서는 다음을 참고하세요. G. Richard Tucker, "A Global Perspective on Bilingualism and Bilingual Education," Center for Applied Linguistics, 1999, http://www.cal.org/resource-center/briefs-digests/digests.

7   2개 이상의 언어를 구사하는 사람의 인지적 능력에 관한 연구를 참고하세요. Bialystok et al., "Bilingual Minds." 이중 언어자의 다중 과업과 선택 집중 테스트의 수행과 관련된 연구를 참고하세요. Ellen Bialystok and Fergus I. M. Craik, "Cognitive and Linguistic Processing in the Bilingual Mind," *Current Directions in Psychological Science* 19 (1) (2010): 19.23. 스트룹 검사에서 이중 언어자의 수행에 관해서는 다음을 참고하세요. Ellen Bialystok, "Reshaping the Mind: The Benefits of Bilingualism," *Canadian Journal of Experimental Psychology* 65 (4) (2011): 229.235.

8   한 언어를 억제하는 조건에서는 이중 언어자가 다중 작업에 더 능숙하다는 설명을 참고하세요. Ellen Bialystok, Fergus I. M. Craik, and Gigi Luk, "Bilingualism: Consequences for Mind and Brain," Trends in *Cognitive Sciences* 16 (4) (2012): 240.250. 이중 언어자의 개념 형성 과업, 복잡한 지시 따르기, 새로운 지시로 바꾸기 등의 수행 정도가 더 낫다는 점과 관련해서는 다음을 참고하세요. Ellen Bialystok and Michelle M. Martin, "Attention and Inhibition in Bilingual Children: Evidence from the Dimensional Change Card Sort Task," *Developmental Science* 7 (3) (2004): 325.339; Elizabeth Peal and Wallace

C. Lambert, "The Relations of Bilingualism to Intelligence," *Psychological Monographs: General and Applied* 76 (27) (1962): 1.23. 이중 언어자의 인지적, 언어적 장점이 부정적인 측면보다 더 많다는 점과 관련해서는 다음을 참고하세요. Bialystok and Craik, "Cognitive and Linguistic Processing in the Bilingual Mind."

9　이중 언어자와 단일 언어자의 알츠하이머 발병과 관련된 자세한 내용은 다음을 참고하세요. Ellen Bialystok, Fergus I. M. Craik, and Morris Freedman, "Bilingualism as a Protection against the Onset of Symptoms of Dementia," *Neuropsychologia* 45 (2) (2007): 459. 464.

10　인도에서 이중 언어자의 알츠하이머 발병에 관해서는 다음을 참고하세요. Suvarna Alladi, Thomas H. Bak, Vasanta Duggirala, Bapiraju Surampudi, Mekala Shailaja, Anuj Kumar Shukla, Jaydip Ray Chaudhuri, and Subhash Kaul, "Bilingualism Delays Age at Onset of Dementia, Independent of Education and Immigration Status," *Neurology* 81 (22) (2013): 1938.1944. 어른이 되고 나서 습득한 이중 언어의 효과에 대해서는 다음을 참고하세요. Thomas H. Bak, Jack J. Nissan, Michael M. Allerhand, and Ian J. Deary, "Does Bilingualism Influence Cognitive Aging?" *Annals of Neurology* 75 (6) (2014): 959.963. 두 언어를 항상 사용하는 사람에게만 이중 언어가 긍정적인 효과가 있다는 주장과 관련해서는 다음을 참고하세요. Claudia Dreifus, "The Bilingual Advantage," *New York Times*, May 30, 2011, http://www.nytimes.com/2011/05/31/science/31conversation.html.

11　단일 언어자와 이중 언어자에서 치매 발병 나이에 차이가 나는 이유에 관해서는 더 많은 연구가 필요하다는 주장은 다음을 참고하세요. see Judith F. Kroll, "The Consequences of Bilingualism for the Mind and the Brain," *Psychological Science in the Public Interest* 10 (3) (2009): i.ii.

12 사회적으로 활발함이 치매를 예방하는지, 치매가 없는 사람이 사회적으로 더 활발한지는 다음을 참고하세요. Hui-Xin Wang, Anita Karp, Bengt Winblad, and Laura Fratiglioni, "Late-Life Engagement in Social and Leisure Activities Is Associated with a Decreased Risk of Dementia: A Longitudinal Study from the Kungsholmen Project," *American Journal of Epidemiology* 155 (12) (2002): 1081.1087.

13 영어와 일본어에서 자연스럽게 말이 나오는 비율에 관해서는 다음을 참고하세요. Harry Osser and Frederick Peng, "A Cross Cultural Study of Speech Rate," *Language and Speech* 7 (2) (1964): 120.125.

14 일반화와 전이 현상에 관해서는 다음을 참고하세요. Ann R. Bradlow and Tessa Bent, "Perceptual Adaptation to Non-Native Speech," *Cognition* 106 (2) (2008): 707.729.

15 일반화 효과에 대한 연구는 다음을 참고하세요. Cynthia G. Clopper and David B. Pisoni, "Some Acoustic Cues for the Perceptual Categorization of American English Regional Dialects," *Journal of Phonetics* 32 (1) (2004): 111.140.

16 제2외국어 학습에서 나이에 따른 차이는 다음 연구를 참고하세요. James Emil Flege, Grace H. Yeni-Komshian, and Serena Liu, "Age Constraints on Second-Language Acquisition," *Journal of Memory and Language* 41 (1) (1999): 78.104.

17 미국에 이민을 온 이탈리아 사람에 관한 자세한 연구는 다음을 참고하세요. Ian R. A. Mackay, James E. Flege, and Satomi Imai, "Evaluating the Effects of Chronological Age and Sentence Duration on Degree of Perceived Foreign Accent," *Applied Psycholinguistics* 27 (2) (2006): 157.183.

18 인용한 메릴 스트립의 언급에 대해서는 다음을 참고하세요. Benjamin Wood, "The Iron Lady: Meryl Streep Says Accents Are the Easiest Thing She Does," *Entertainment Weekly*, December 7, 2011, http://insidemovies.ew.com/2011/12/07/meryl-streep-iron-lady-panel/.

하향식 처리와 상향식 처리

1   맥거크 효과에 대해서는 다음을 참고하세요. Harry McGurk and John MacDonald, "Hearing Lips and Seeing Voices," *Nature* 264 (1976): 746.748.

2   린의 '말로 표현할 수 없는' 프로젝트에 관해서는 다음을 참고하세요. http://uniquelang.peiyinglin.net.

3   언어가 사고에 어느 정도의 영향을 주는지에 대한 질문에 대해서는 다음을 참고하세요. Benjamin Lee Whorf and Stuart Chase, *Language, Thought, and Reality: Selected Writings of Benjamin Lee Whorf*, ed. John B. Carroll (Cambridge, MA: MIT Press, 1956). 모국어의 개념을 새로운 언어의 원형으로 여기는 것과 관련해서는 다음을 참고하세요. Gilbert A. Jarvis, "Psychological Processes in Foreign and Second Language Learning," *Critical Issues in Foreign Language Instruction*, ed. Ellen S. Silber, 29.42, Garland Reference Library of Social Science, Volume 459 (New York: Routledge, 1991).

4   모국어와 외국어로 생각하는 것이 문제 해결에 어떤 영향을 미치는가는 다음을 참고하세요. Boaz Keysar, Sayuri L. Hayakawa, and Sun Gyu An, "The Foreign-Language Effect: Thinking in a Foreign Tongue Reduces Decision Biases," *Psychological Science* 23 (6) (2012): 661.668. 외국어로 말하면 도덕적인 문제로부터 거리를 둘 수 있다는 것에 대해서는 다음을 참고하세요. Boaz Keysar and Albert Costa, "Our Moral Tongue," *New York Times*, June 20, 2014, http://www.nytimes .com/2014/06/22/opinion/sunday/moral-judgments-depend-on-what -language-we-are-speaking.html. 추억을 기억하는 데 외국어와 모국어를 사용하는 것과 감정에의 영향은 다음을 참고하세요. Viorica Marian and Margarita Kaushanskaya, "Self-Construal and Emotion in Bicultural Bilinguals," *Journal of Memory and Language* 51 (2) (2004): 190.201.

5   대학 교육을 받은 영어 원어민은 약 17,000단어만을 사용한다는 것과 관련해서는 다음을 참고하세요. Eugene B. Zechmeister, Andrea M. Chronis, William L. Cull, Catherine A. D'Anna, and Noreen A. Healy, "Growth of a Functionally Important Lexicon," *Journal of Literacy Research* 27 (2) (1995): 201.212.

6   유나바머의 정체를 확인하기 위한 개인어 사용에 관해서는 다음을 참고하세요. James R. Fitzgerald, "Using a Forensic Linguistic Approach to Track the Unabomber," in *Profilers: Leading Investigators Take You Inside the Criminal Mind*, ed. John H. Campbell, 193.222 (Amherst, NY: Prometheus Books, 2010);《연방주의론》의 저자를 확인하기 위한 개인어 사용에 대해서는 다음을 참고하세요. Frederick Mosteller and David L. Wallace, "Inference in an Authorship Problem: A Comparative Study of Discrimination Methods Applied to the Authorship of the Disputed Federalist Papers," *Journal of the American Statistical Association* 58, (302) (1963): 275.309;《프라이머리 컬러스》의 저자를 확인하기 위한 개인어 사용에 대해서는 다음을 참고하세요. Donald W. Foster, *Author Unknown: On the Trail of Anonymous* (New York: Henry Holt, 2000).

7   오그던의 '기초 영어'에 대해서는 다음을 참고하세요. Charles Kay Ogden, Basic English: *A General Introduction with Rules and Grammar* (London: Paul Treber, 1944).

8   부정적인 전이의 예의 하나인 외국어에서 모국어 단어 순서 사용에 관해서는 다음을 참고하세요. David N. Perkins and Gavriel Salomon, "Transfer of Learning," in *The International Encyclopedia of Education*, 2nd ed., vol. 11, ed. Torsten Husen and T. Neville Postlethwaite, 6452.6457 (Oxford: Pergamon Press, 1992).

9   성인 언어 학습자가 긍정적 전이를 이용하고자 사용할 수 있는 자동적 이전과 의식적 이전에 관해서는 다음을 참고하세요. Gavriel Salomon and David N. Perkins, "Rocky Roads to Transfer: Rethinking Mechanisms of a Neglected Phenomenon," *Educational Psychologist* 24 (2) (1989): 113.142. 자동적

전이의 한 예로 차를 운전한 다음 빌린 트럭을 운전하는 예에 대해서는 다음을 참고하세요. Perkins and Salomon, "Transfer of Learning."

10 은유의 예에 관해서는 다음을 참고하세요. George Lakoff and Mark Johnson, *Metaphors We Live By* (Chicago: University of Chicago Press, 1980), 44.45.

11 표현에 관한 연구는 다음을 참고하세요. Kathrin Abe, Nadja Kesper, and Matthias Warich, "Domain Mappings.General Results," *Cross-Cultural Metaphors: Investigating Domain Mappings across Cultures*, ed. Marcus Callies and Rudiger Zimmerman, 29.40 (Marburg: Philipps-Universitat, 2002).

12 관용구에 대한 연구에 관해서는 다음을 참고하세요. Raymond W. Gibbs, Jr., *The Poetics of Mind: Figurative Thought, Language, and Understanding* (Cambridge: Cambridge University Press, 1994); 이 예는 p. 9부터 등장합니다.

13 조직화와 학습에 도움이 되도록 목표한 언어의 은유와 관용구를 개념적으로 지도화하는 것에 관해서는 다음을 참고하세요. Andrew Ortony, "Why Metaphors Are Necessary and Not Just Nice," *Educational Theory* 25 (1) (1975): 45.53; Hugh G. Petrie and Rebecca S. Oshlag, "Metaphor and Learning," *Metaphor and Thought*, 2nd ed., ed. Andrew Ortony, 579.609 (Cambridge: Cambridge University Press, 1993).

언어 학습에서 기억의 역할

1 밀러의 '마법의 숫자 7±2'에 대해서는 다음을 참고하세요. George A. Miller, "The Magical Number Seven, Plus or Minus Two: Some Limits on our Capacity for Processing Information," *Psychological Review* 63 (2) (1956): 81.97.

2   20세 이후의 기억력 감퇴와 관련해서는 다음을 참고하세요. Jacques Gregoire and Martial Van der Linden, "Effect of Age on Forward and Backward Digit Spans," *Aging, Neuropsychology, and Cognition* 4 (2) (1997): 140.149.

3   "The adult learns best not by rote …": Schleppegrell, "The Older Language Learner," 3.

4   작업 기억에 대한 연구는 다음을 참고하세요. Nelson Cowan, *Working Memory Capacity* (New York: Taylor & Francis, 2004); Jonathan E. Thiele, Michael S. Pratte, and Jeffrey N. Rouder, "On Perfect Working-Memory Performance with Large Numbers of Items," *Psychonomic Bulletin and Review* 18 (5) (2011): 958.963.

5   앨런 배들리의 작업 기억 연구에 관해서는 다음을 참고하세요. Alan D. Baddeley and Graham Hitch, "Working Memory," *Psychology of Learning and Motivation* 8 (1974): 47.89.

6   중년의 중앙 관리자 능력 감소에 대해서는 다음을 참고하세요. Elizabeth L. Glisky, "Changes in Cognitive Function in Human Aging," in *Brain Aging: Models, Methods, and Mechanisms*, ed. David R. Riddle, 3.20 (Boca Raton, FL: Taylor & Francis, 2007); Lynn Hasher, Rose T. Zacks, and Cynthia P. May, "Inhibitory Control, Circadian Arousal, and Age," *Attention and Performance XVII: Cognitive Regulation of Performance: Interaction of Theory and Application*, ed. Daniel Gopher and Asher Koriat, 653.675 (Cambridge, MA: MIT Press, 1999).

7   20대에 중앙 관리자의 효율이 최고점에 이른다는 주장에 관해서는 다음을 참고하세요. Cinzia R. De Luca and Richard J. Leventer, "Developmental Trajectories of Executive Functions Across the Lifespan," in *Executive Functions and the Frontal Lobes: A Lifespan Perspective*, vol. 3, ed. Vicki Anderson, Rani Jacobs, and Peter J. Anderson, 23.56 (New York: Psychology Press, 2008). 이전에 생각하던 만큼 최고점은 아니라는 주장에 대해서는 다음을 참고하세요. Paul Verhaeghen, "Aging and Executive Control: Reports of a

Demise Greatly Exaggerated," *Current Directions in Psychological Science* 20 (3) (2011): 174.180.

8   멀티태스킹 능력은 생각보다 뛰어나지 않으며 시간에 따라 감소한다는 주장에 대해서는 다음을 참고하세요. Hironori Ohsugi et al., "Differences in Dual-Task Performance and Prefrontal Cortex Activation between Younger and Older Adults,"*BMC Neuroscience* 14 (10) (2013), http://www.biomedcentral.com/1471-2202/14/10; Christopher Chabris and Daniel Simons, *The Invisible Gorilla: And Other Ways Our Intuitions Deceive Us* (New York: Crown, 2010).

9   정보처리의 깊이와 크레이크와 털빙의 고전 실험에 대해서는 다음을 참고하세요. Fergus I. M. Craik and Robert S. Lockhart, "Levels of Processing: A Framework for Memory Research," *Journal of Verbal Learning and Verbal Behavior* 11 (6) (1972): 671.684; Fergus I. M. Craik and Endel Tulving, "Depth of Processing and the Retention of Words in Episodic Memory," *Journal of Experimental Psychology: General* 104 (3) (1975): 268.294.

10   정보처리의 깊이에 대한 비판적인 관점은 다음을 참고하세요. Alan D. Baddeley, "The Trouble with Levels: A Reexamination of Craik and Lockhart's Framework for Memory Research," *Psychological review* 85 (3) (1978): 139.152.

11   "The most important single factor influencing learning": David P. Ausubel, *Educational Psychology: A Cognitive View* (New York: Holt, Rinehart & Winston, 1968), vi.

12   에빙하우스가 제안한 기억 측정의 또 다른 방법에 대해서는 다음을 참고하세요. Hermann Ebbinghaus, Memory: *A Contribution to Experimental Psychology* (1885; New York: Dover, 1964).

13 스콰이어와 슬레이터의 TV 프로그램과 경주마 이름 인식 능력에 관한 연구는 다음을 참고하세요. Larry R. Squire and Pamela C. Slater, "Forgetting in Very Long-Term Memory as Assessed by an Improved Questionnaire Technique," *Journal of Experimental Psychology: Human Learning and Memory* 1 (1) (1975): 50.54.

14 학습 후 수십 년이 지나도 인지 기억은 여전히 뛰어나다는 주장에 관해서는 다음을 참고하세요. Harry P. Bahrick, "Semantic Memory Content in Permastore: Fifty Years of Memory for Spanish Learned in School," *Journal of Experimental Psychology: General* 113 (1) (1984): 1.29.

15 점을 의미하는 한자에 대해서는 다음을 참고하세요. James W. Heisig, *Remembering the Kanji: A Complete Course on How Not to Forget the Meaning and Writing of Japanese Characters* (Honolulu: University of Hawai'i Press, 2011), 32.

16 여키스-도슨 법칙에 관해서는 다음을 참고하세요. Robert M. Yerkes and John D. Dodson, "The Relation of Strength of Stimulus to Rapidity of Habit-Formation," *Journal of Comparative Neurology and Psychology* 18 (1908): 459.482.

17 과제에 더해진 인지 요구에 대한 개인의 반응에 관해서는 다음을 참고하세요. Janina A. Hoffmann, Bettina von Helversen, and Jorg Rieskamp, "Deliberation's Blindsight: How Cognitive Load Can Improve Judgments," *Psychological Science* 24 (6) (2013): 869.879.

18 일상적인 과업에도 추가적인 정신 과정이 요구된다는 주장에 관해서는 다음을 참고하세요. Jean-Francois Bonnefon, Aidan Feeney, and Wim De Neys, "The Risk of Polite Misunderstandings," *Current Directions in Psychological Science* 20 (5) (2011): 321.324.

19 순행 간섭에 대해서는 다음을 참고하세요. Robert G. Crowder, *Principles of Learning and Memory* (Hillsdale, NJ: Erlbaum, 1976).

20 순행 간섭 연구와 관련된 자세한 내용은 다음을 참고하세요. Lisa Emery, Sandra Hale, and Joel Myerson, "Age Differences in Proactive Interference, Working Memory, and Abstract Reasoning," *Psychology and Aging* 23 (3) (2008): 634.645.

기억을 제대로 활용하기

1 설단 현상은 '재채기가 나오려고 하는 것과 같은 약한 고통'이다: Roger Brown and David McNeill, "The 'Tip of the Tongue' Phenomenon," *Journal of Verbal Learning and Verbal Behavior* 5 (4) (1966): 325.337, at 326.

2 설단 현상에 대한 자세한 내용은 다음을 참고하세요. Donna J. Dahlgren, "Impact of Knowledge and Age on Tip-of-the-Tongue Rates," *Experimental Aging Research* 24 (2) (1998): 139.153; Marilyn K. Heine, Beth A. Ober, and Gregory K. Shenaut, "Naturally Occurring and Experimentally Induced Tip-of-the-Tongue Experiences in Three Adult Age Groups," *Psychology and Aging* 14 (3) (1999): 445.457.

3 나이와 설단 현상에 대해서는 다음을 참고하세요. Timothy A. Salthouse and Arielle R. Mandell, "Do Age-Related Increases in Tip-of-the-Tongue Experiences Signify Episodic Memory Impairments?" *Psychological Science* 24 (12) (2013): 2489.2497.

4 체스 초보자는 말을 재배치하는 데 어려움을 느낀다는 사실에 관해서는 다음을 참고하세요. William G. Chase and Herbert A. Simon, "Perception in Chess," *Cognitive Psychology* 4 (1) (1973): 55.81.

5 체스 전문가가 기억하는 유형의 수는 50,000개에서 100,000개 사이라는 주장에 대해서는 다음을 참고하세요. Herbert A. Simon and Kevin Gilmartin, "A Simulation of Memory for Chess Positions," *Cognitive Psychology* 5 (1) (1973): 29.46. 체스나 기타 전문 분야에서 10,000시간의 연습이 필요하다는 것과 관련해서는 다음을 참고하세요. K. Anders Ericsson, Ralf T. Krampe, and Clemens Tesch-Romer, "The Role of Deliberate Practice in the Acquisition of Expert Performance," *Psychological Review* 100 (3) (1993): 363.406, and Malcolm Gladwell, *Outliers: The Story of Success* (London: Penguin UK, 2008). 연습의 효과는 분야에 따라 달라진다는 주장에 관해서는 다음을 참고하세요. Brooke N. Macnamara, David Z. Hambrick, and Frederick L. Oswald, "Deliberate Practice and Performance in Music, Games, Sports, Education, and Professions: A Meta-Analysis," *Psychological Science* 25 (8) (2014): 1608.1618.

6 동급생 이름 기억에 관한 바릭의 결과는 다음을 참고하세요. Harry P. Bahrick, Phyllis O. Bahrick, and Roy P. Wittlinger, "Fifty Years of Memory for Names and Faces: A Cross-Sectional Approach," *Journal of Experimental Psychology: General* 104 (1) (1975): 54.75.

7 고등학교 스페인어에 대한 바릭의 기억 실험에 대해서는 다음을 참고하세요. Bahrick, "Semantic Memory Content in Permastore."

8 학습 기법에 대해서는 다음을 참고하세요. John Dunlosky, Katherine A. Rawson, Elizabeth J. Marsh, Mitchell J. Nathan, and Daniel T. Willingham, "Improving Students' Learning with Effective Learning Techniques: Promising Directions from Cognitive and Educational Psychology," *Psychological Science in the Public Interest* 14 (1) (2013): 4.58.

9 자기 참조 효과에 대해서는 다음을 참고하세요. Timothy B. Rogers, Nicholas A. Kuiper, and William S. Kirker, "Self-Reference and the Encoding of Personal Information," *Journal of Personality and Social Psychology* 35 (9) (1977): 677.688.

10 자기 참조 효과를 강조하는 주장은 다음을 참고하세요. Charles Lord, "Schemas and Images as Memory Aids: Two Modes of Processing Social Information," *Journal of Personality and Social Psychology* 38 (2) (1980): 257.269, and Lord, "Imagining Self and Others: Reply to Brown, Keenan, and Potts," *Journal of Personality and Social Psychology* 53 (3) (1987): 445.450.

11 자아는 '잘 발달되고 자주 활용된 구상'이라는 주장에 대해서는 다음을 참고하세요. Cynthia S. Symons and Blair T. Johnson, "The Self-Reference Effect in Memory: A Meta-Analysis," *Psychological Bulletin* 121 (3) (1997): 371.394, at 371. 자기 생일과 가까운 타인의 생일을 더 잘 기억하는 경향이 있다는 주장과 관련해서는 다음을 참고하세요. Selin Kesebir and Shigehiro Oishi, "A Spontaneous Self-Reference Effect in Memory: Why Some Birthdays Are Harder to Remember Than Others," *Psychological Science* 21 (10) (2010): 1525. 1531.

12 나쁜 기억은 시간에 따라 흐려진다는 주장에 대해서는 다음을 참고하세요. Richard Walker, John J. Skowronski, and Charles P. Thompson, "Life is Pleasant.And Memory Helps to Keep It That Way!" *Review of General Psychology* 7 (2) (2003): 203.210. For the Pollyanna principle, see Margaret Matlin and David Stang, *The Pollyanna Principle: Selectivity in Language, Memory, and Thought* (Cambridge, MA: Schenkman, 1978).

13 부호화 특수성에 대해서는 다음을 참고하세요. Endel Tulving and Donald M. Thomson, "Encoding Specificity and Retrieval Processes in Episodic Memory," *Psychological Review* 80 (5) (1973): 352.373.

14 외부 요인을 조작하여 부호화 특수성을 측정한 연구에 대해서는 다음을 참고하세요. Duncan R. Godden and Alan D. Baddeley, "Context-Dependent Memory in Two Natural Environments: On Land and Underwater," *British Journal of Psychology* 66 (3) (1975): 325.331. 외부 환경이 부호화 특수성에 영향을 준다는 주장에 대해서는 다음을 참고하세요. John D. Teasdale and Sarah J. Fogarty, "Differential Effects of Induced Mood on Retrieval of Pleasant and

Unpleasant Events from Episodic Memory," *Journal of Abnormal Psychology* 88 (3) (1979): 248.257. 술을 마시면서 단어를 익힌 사람은 맨정신일 때보다 술을 마신 뒤에 기억이 더 잘 난다는 주장에 대해서는 다음을 참고하세요. Herbert Weingartner, Wolansa Adefris, James E. Eich, and Dennis L. Murphy, "Encoding-Imagery Specificity in Alcohol State-Dependent Learning," *Journal of Experimental Psychology: Human Learning and Memory* 2 (1) (1976): 83.87. 걸프전 참전용사는 전쟁 기념일이 다가올수록 외상 후 스트레스 장애(PTSD) 증상을 더 많이 보이는 것으로 나타난 것과 관련해서는 다음을 참고하세요. Charles A. Morgan, Susan Hill, Patrick Fox, Peter Kingham, and Steven M. Southwick, "Anniversary Reactions in Gulf War Veterans: A Follow-up Inquiry 6 Years After the War," *American Journal of Psychiatry* 156 (7) (1999): 1075.1079.

15 무언가를 배울 당시의 기분과 배운 것을 떠올릴 때의 기분이 비슷할 때 기억력이 높아진다는 주장에 관해서는 다음을 참고하세요. Paul H. Blaney, "Affect and Memory: A Review," *Psychological Bulletin* 99 (2) (1986): 229.246.

16 업무에서 잠시 벗어나는 것이 문제 해결과 창의력에 더 좋은 영향을 준다는 주장에 대해서는 다음을 참고하세요. Steven M. Smith, Thomas B. Ward, and Ronald A. Finke, eds., *The Creative Cognition Approach* (Cambridge, MA: MIT Press, 1995). 잠과 꿈이 부화 효과를 증진한다는 증거에 관해서는 다음을 참고하세요. Deirdre Barrett, "'The Committee of Sleep': A Study of Dream Incubation for Problem Solving," *Dreaming* 3 (2) (1993): 115.122.

17 스크립트와 의미 기억과 관련된 자세한 내용은 다음을 참고하세요. Roger C. Schank and Robert P. Abelson, *Scripts, Plans, Goals, and Understanding: An Inquiry into Human Knowledge Structures* (Hillsdale, NJ: Erlbaum, 1977).

18 바틀렛의 의미 기억 연구는 다음을 참고하세요. Frederic C. Bartlett, *Remembering: A Study in Experimental and Social Psychology* (1932; Cambridge: Cambridge University Press, 1995).

19 키케로의 시모니데스 이야기는 다음을 참고하세요. E. W. Sutton and H. Rackham, *Cicero: On the Orator, Books I~II* (Cambridge, MA: Harvard University Press, 1942).

20 기억술에 관한 자세한 내용은 다음을 참고하세요. Douglas J. Herrmann, Michael M. Gruneberg, and Douglas Raybeck, *Improving Memory and Study Skills: Advances in Theory and Practice* (Toronto: Hogrefe & Huber, 2002).

21 산문보다 운문을 더 쉽게 기억한다는 주장에 관해서는 다음을 참고하세요. Michael W. Weiss, Sandra E. Trehub, and E. Glenn Schellenberg, "Something in the Way She Sings: Enhanced Memory for Vocal Melodies," *Psychological Science* 23 (10) (2012): 1074.1078. 우울증 치료에 사용한 장소법에 대해서는 다음을 참고하세요. Tim Dalgleish, Lauren Navrady, Elinor Bird, Emma Hill, Barnaby D. Dunn, and Ann-Marie Golden, "Method-of-Loci as a Mnemonic Device to Facilitate Access to Self-Affirming Personal Memories for Individuals with Depression," *Clinical Psychological Science* 1 (2) (2013): 156.162.

22 선명한 이미지가 제한된 상황에서만 도움이 된다는 주장에 관해서는 다음을 참고하세요. Russell N. Carney and Joel R. Levin, "Do Mnemonic Memories Fade as Time Goes By? Here's Looking Anew!" *Contemporary Educational Psychology* 23 (3) (1998): 276.297; Margaret H. Thomas and Alvin Y. Wang, "Learning by the Keyword Mnemonic: Looking for Long-Term Benefits," *Journal of Experimental Psychology: Applied* 2 (4) (1996): 330.342. 이미지를 생성하고 결합하는 일이 다른 학습 전략에 드는 시간을 뺏는다는 생각과 관련해서는 다음을 참고하세요. Dunlosky et al., "Improving Students' Learning; Herrmann et al., *Improving Memory and Study Skills*.

23 기억 향상을 위한 건강의 중요성에 관해서는 다음을 참고하세요. Herrmann et al., *Improving Memory and Study Skills*.